Dieses Buch ist all denen gewidmet,
die sich ehrenamtlich für andere einsetzen,
ob in Familie, Nachbarschaft, Vereinen oder Politik,
und ohne die unsere Gesellschaft nicht funktionieren würde.

Petra Scholl

Letter-fit:
Miteinander-Füreinander
e.V.

4 Jahre Vereinsgeschichte
im Projekt Soziale Stadt
2005 - 2008

Gefördert durch das Land Niedersachsen

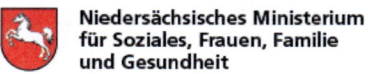

Niedersächsisches Ministerium
für Soziales, Frauen, Familie
und Gesundheit

Bibliografische Information der Deutschen Nationalbibliothek

Die Deutsche Nationalbibliothek verzeichnet diese Publikation in der Deutschen Nationalbibliografie; detaillierte bibliografische Daten sind im Internet über http://dnb.d-nb.de abrufbar.

© 2008 Petra Scholl

Herausgeber: Letter-fit: Miteinander-Füreinander e.V.

ISBN 978-3-8370-3314-4

Herstellung und Verlag: Books on Demand GmbH, Norderstedt

Vorwort

In Letter startete 2002 das Soziale Stadt Projekt „Letter – fit für die Zukunft", das zu je einem Drittel von Bund, Land und Stadt finanziert wird und auf 10 Jahre angelegt ist.

Durch dieses Projekt sollen Soziale Brennpunkte entschärft und kritische Gebiete davor bewahrt werden, soziale Brennpunkte zu werden. Ein sehr wichtiges Element dabei ist die Bürgerbeteiligung. Es soll erreicht werden, dass sich Bewohner eines Gebietes für ihr Umfeld und das soziale Miteinander einsetzen. Durch die aktive Beteiligung bei Bauvorhaben und Aktionen soll eine hohe Identifikation mit dem Gebiet erreicht werden.

In diesem Rahmen haben sich die Gründungsmitglieder des Vereins „Letter-Fit: Miteinander-Füreinander" e.V. bereits vor der Vereinsgründung engagiert, teilweise bereits vor dem ersten Stadtteilforum im März 2003 im Rahmen der Vorbereitung, angesprochen durch Politik und Verwaltung. Aus der Arbeitsgruppe „Koordinierungskreis Letter-fit (früher Vereine/ Verbände/ Soziales) ist der Verein am 25.1.2005 gegründet worden.

Ziel des Vereins ist die Förderung des Soziale Stadt Projektes und die Schaffung von selbsttragenden Strukturen, damit nach Ende des Projektes nicht alle Aktivitäten wie ein Kartenhaus zusammenstürzen, sondern möglichst viel weitergeführt werden kann. Da die Stadt Seelze absolut pleite ist, ist von der Seite keine Finanzierungsmöglichkeit gegeben, d.h. die Selbsthilfe der Letteraner ist der einzig mögliche Weg.

Da das Projekt strukturelle Mängel aufweist und Bürger wenig, Bewohner fast gar nicht angesprochen und eingebunden sind, bemüht sich der Verein um Öffentlichkeitsarbeit und Aktivierung von Bewohnern. Allerdings können ehrenamtlich strukturelle Mängel nicht ausgeglichen werden. Ehrenamt benötigt hauptamtliche Unterstützung.

In Letter scheint leider eigenständiges Engagement von Bürgern nicht gewünscht. Bürgerbeteiligung scheint hier auf Statistenaufgaben, Kaffeekochen, Kuchenverkauf und evtl. eng abgegrenzte Aufgaben unter „Aufsicht" beschränkt zu sein.

Da die Arbeitsgruppe Koordinierungskreis wie auch der Verein „Letter-fit: Miteinander-Füreinander" e.V. innovative Ideen einbringen und umsetzen will und sich deutlich für mehr Information und Aktivierung der Bevölkerung einsetzt, wurden sie schon ziemlich bald von einigen Politikern angefeindet. In der ersten Zeit noch von Projektleitung und Sanierungsträger baubecon als wichtig angesehen und unterstützt, nahmen nach umfassendem Wechsel der handelnden Personen in Verwaltung, Sanierungsträger und Politik 2006 die Anfeindungen, die teilweise. die Qualität von Mobbing hatten, zu und gipfeln 2008 in der Auflösung der Arbeitsgruppe Koordinierungskreis und dem Rauswurf des Vereins aus dem Letter-Treff. Der Rauswurf bedeutet gleichzeitig die zwangsweise Beendigung von zahlreichen sozialen Angeboten in Letter, von Vertrauensbücherei, offenem Kaffeetrinken bis Spielen und Basteln mit Kindern.

Trotz aller Widrigkeiten blickt der Verein auf 4 Jahre erfolgreiche Vereinstätigkeit zurück, die gezeigt hat, dass Bürgeraktivierung und –beteiligung in Letter möglich ist.

An dieser Stelle bedanken wir uns bei allen, die uns bislang unterstützt haben, ob durch Geld, Sachen, Tipps, Ideen, Kontaktherstellung, tatkräftige Unterstützung oder anderes.

Namentlicher Dank gilt Birgit Gerber und Renate Jaczminzki, ohne die es den Verein nicht geben würde.

Vom Ehrenamt lebt die Demokratie

Theodor Heuss

Seelze - Letter

Die Stadt Seelze grenzt westlich an die Landeshauptstadt Hannover, besteht aus elf Stadtteilen und ca. 34.000 Einwohnern. Durch die niedersächsische Verwaltungs- und Gebietsreform wurde 1974 aus 11 Dörfern eine „Stadt", die nach dem zweitgrößten Stadtteil Seelze benannt wurde. Letter ist der größte Stadtteil mit über 11.000 Einwohnern, Stadtteil Seelze hat incl. Seelze-Süd ca. 9500 Einwohner.

Das Sanierungsgebiet in Letter umfasst die Bereiche längs der Lange-Feld-Straße (bei der geplanten Sanierung der Regionsstraße sind die Straßennebenräume durch die Stadt zu finanzieren), das Gebiet um das Alte Rathaus (die Grünanlage hinter dem Rathaus soll als Bauland verkauft werden), die Kita Fröbelstraße (Fenster und Sanitäranlagen waren dringend sanierungsbedürftig) und das Jugendzentrum Letter (Außenbereich nach Brand und Wiederaufbau herstellungsbedürftig), einen Bereich zwischen Lange-Feld-Straße und Bahn (Haltepunkt der S-Bahn, Bauruine Supermärkte) sowie das Gebiet Gerhart-Hauptmann-Straße (einer der sozialen Brennpunkte).

Die Größe des Sanierungsgebietes beträgt 40 ha, zum Antragszeitraum lebten im Sanierungsgebiet ca. 5200 Menschen (44 % der Stadtteilbevölkerung, 16 % der Gesamtstadt)

In den vergangenen Jahren wurde der Stadtteil Seelze systematisch ausgebaut und Einrichtungen und Dienste zu Lasten von Letter verlagert, z.B. Stadtbücherei in Letter geschlossen, Öffnungszeiten Bürgerbüro in Letter verkürzt, Neubau Wellnessbad in Seelze. Viele vermuten die komplette Schließung des Bürgerbüros und des ehrenamtlich betriebenen Schwimmbads in Letter. Notwendige Reparatur- und Renovierungsarbeiten werden in Letter auf die lange Bank geschoben. Das Verhältnis Seelze – Letter ist dementsprechend gespannt.

Dies wird dadurch gefördert, dass viele LOS-Projekten in Seelze stattfinden, sowie durch die Begründung („dann wollen die anderen auch") von Ablehnungen bei Planungen für Letter.

Das Gebiet „Gerhart-Hauptmann-Straße" samt Nebenstraßen liegt im Sanierungsgebiet Letter und wurde wegen seiner Bevölkerungszusammensetzung als sozialer Brennpunkt innerhalb des Sanierungsgebietes des Projektes „Soziale Stadt" besonders hervorgehoben. Kennzeichen der Ausgangslage sind ein hoher Anteil MigrantInnen und Sozialhilfeempfängern, hohe Fluktuation, ungepflegte Grundstücke und ungepflegtes öffentliches Grün, keine Aufenthaltsqualität im öffentlichen und privaten Raum. Lärmgeplagt durch den angrenzenden Rangierbahnhof (größter Deutschlands) sowie verunstaltest als Abstellplatz für ausrangierte Autos, Lastwagen, Wohnwagen, Busse etc, ..

Das Gebiet liegt ca. 1,5-2 km vom angestrebten Ortskern entfernt und bildet ein abgeschlossenes Gebiet, das nur durch die Lange-Feld-Straße mit dem übrigen Sanierungsgebiet verbunden ist.

In diesem Gebiet gibt es keine soziale und kulturelle Infrastruktur; insbes. keine Geschäfte, Ärzte, Vereine o.ä., wo man sich treffen kann. Die Wohnungen sind in Besitz mehrerer privater Eigentümer, die nicht in Seelze leben. Einzig ein Spielplatz und Bolzplatz, an dessen Neugestaltung die Vorstandsmitglieder des Vereins einen wesentlichen Anteil hatten. Aufgrund der Zusammensetzung der Bevölkerung und der räumlichen Lage, besteht hier besonderer Handlungsbedarf. Deshalb versucht der Verein viele Projekte dort durchzuführen bzw. zumindest durch gezielte Öffentlichkeitsarbeit in dem Gebiet die Menschen an das Zentrum anzubinden.

Soziale Stadt

Das Städtebauförderungsprogramm „Stadtteile mit besonderem Entwicklungsbedarf – Soziale Stadt" des Bundesministeriums für Verkehr, Bau und Stadtentwicklung wurde im Jahr 1999 mit dem Ziel gestartet, die „Abwärtsspirale" in benachteiligten Stadtteilen aufzuhalten und die Lebensbedingungen vor Ort umfassend zu verbessern. Die Finanzierung erfolgt zu je einem Drittel durch Bund, Land und Kommune.

Ziele des Programms sind

- die physischen Wohn- und Lebensbedingungen sowie die wirtschaftliche Basis in den Stadtteilen zu stabilisieren und zu verbessern,

- die Lebenschancen durch Vermittlung von Fähigkeiten, Fertigkeiten und Wissen zu erhöhen,

- *Gebietsimage, Stadtteilöffentlichkeit und die Identifikation mit den Quartieren zu stärken.*

Soziale Stadt und Bürgerbeteiligung

- Integrierte Handlungskonzepte mit städtebaulichen und nicht-investiven Maßnahmen

- Beteiligung und Aktivierung der betroffenen Bewohner

- Einbindung und Vernetzung der lokalen Akteure

- Neue Verwaltungs- und Managementstrukturen (Quartiersmanagement)

- Aktivierende Programmbegleitung und –Evaluation

Methoden der Sozialen Stadt

- Quartiersmanagement

- Sozialarbeiter vor Ort

- Blick auf durchsetzungsschwache Minderheiten wie z.B. Behinderte, Familien, Kinder- und Jugendliche, Migranten

- Integriertes Maßnahmenkonzept, zusätzlich zu reiner Dokumentation

- Gezielte Öffentlichkeitsarbeit im Sanierungsgebiet, z.B. Stadtteilzeitung

- Forum für Bürgerbeteiligung, z.B. Bürgerversammlung, Stadtteilforum

- Gezielte Maßnahmen zur Förderung von Bürgerbeteiligung, zugeschnitten auf die Zielgruppe

- Quartiersfonds

- Experten- und Infopool/ Fortbildungsangebote

- Monitoring und Evaluation

Verein und Soziale Stadt

- Bürger identifizieren sich mit dem Programm

- Bürger übernehmen Verantwortung in ihrem Stadtteil

- Bürger organisieren und vernetzen sich und schaffen somit nachhaltige Strukturen, die nach der Sanierung weiter wirken und die Nachhaltigkeit des Erneuerungsprozesses sichern

Soziale Stadt Letter

In Letter hat das Projekt folgende Struktur:

- Geschäftsstelle Soziale Stadt der Verwaltung in Seelze (1,5 h/ wöchentlich Sprechzeit in Letter)

- Baubecon als Sanierungsträger (2 h/wöchentlich Sprechzeit in Letter)

- Ortsrat beschließt abschließend alle Maßnahmen (außer LOS) im Rahmen des Projektes

- Letter-fit-Kommission gibt Beschlussempfehlungen an den Ortsrat, hat die Funktion von Fachausschüssen; LOS-Begleitausschuß (Entscheidung über Mittelvergabe sozialer Projekte)

- Stadtteilforum (1mal jährlich vorgesehen, tatsächlich seltener (vier Foren in sechs Jahren), Dauer 3-4 Stunden) zur Präsentation von Ergebnissen und Wahl der Bürgervertreter für die Kommission;
  ursprünglich geplant: 3-4 mal im Jahr als Diskussionsforum und Interessenvertretung für Initiativen, Einrichtungen und Bewohner/innen im Stadtteil, festlegen von Themen, gründen von Arbeitsgruppen, stellen von Anträgen an die Kommission.

- Arbeitsgruppe Koordinierungskreis Letter-fit (früher: Vereine/ Verbände/ Soziales), Thema: Soziales Miteinander/ Vernetzung/ Bürgeransprache (aus dem Stadtteilforum 2003 hervorgegangen, von der Stadt aufgelöst 2008)

- Arbeitsgruppe Gemeinwesen (von der Stadt 2008 nach Auflösung der AG Koordinierungskreis gegründet)

- Arbeitsgruppe Ortszentrum Letter, Thema: Städtebauliche Maßnahmen (aus dem Stadtteilforum 2003 hervorgegangen, ursprünglich 2 AGs, eine davon dreiköpfig, zuletzt bestehend aus nur einer Person, mehrere Namenswechsel)

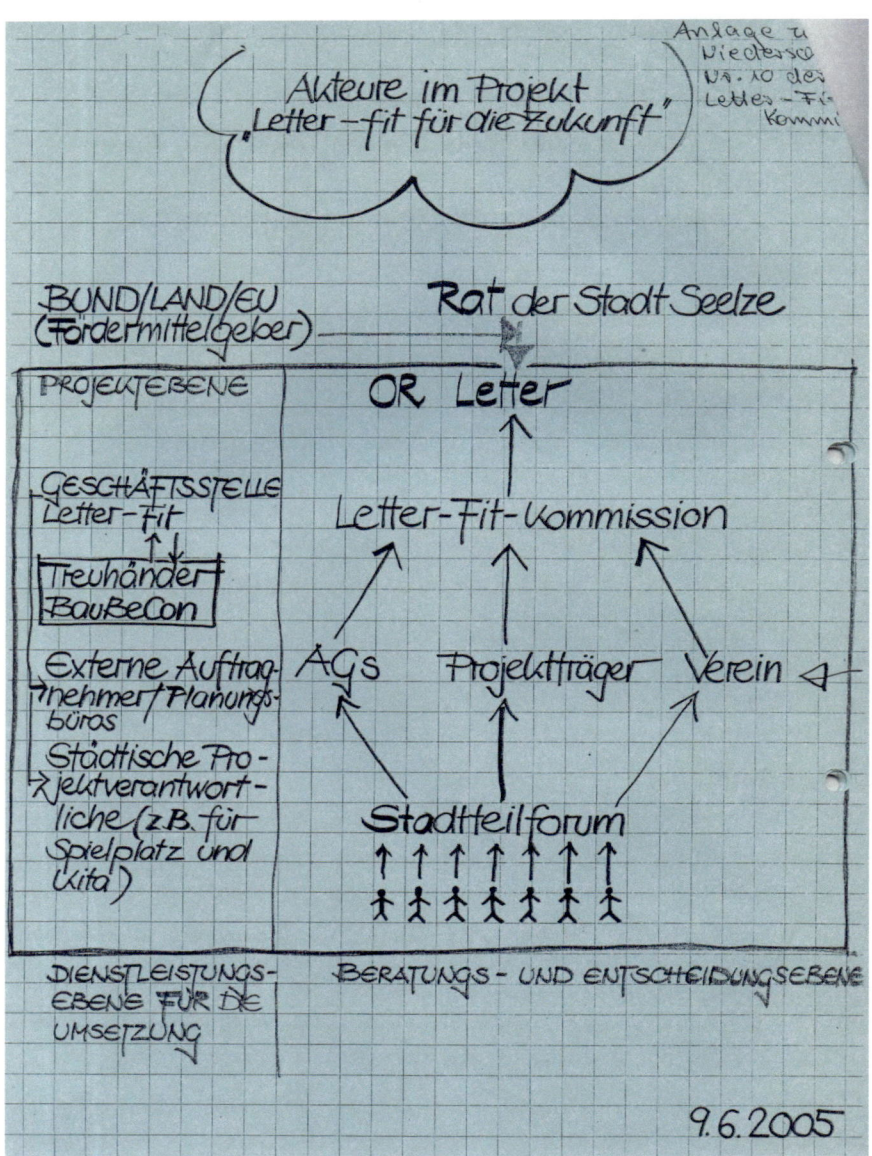

Akteure im Projekt
„Letter – fit für die Zukunft"

Anlage zu Niederscr. Nr. 10 der Letter – Fit-Kommi...

BUND/LAND/EU (Fördermittelgeber)

Rat der Stadt Seelze

PROJEKTEBENE

OR Letter

GESCHÄFTSSTELLE Letter-Fit

Treuhänder BauBeCon

Letter-Fit-Kommission

Externe Auftragnehmer/Planungsbüros

AG's   Projektträger   Verein

Städtische Projektverantwortliche (z.B. für Spielplatz und Kita)

Stadtteilforum

DIENSTLEISTUNGSEBENE FÜR DIE UMSETZUNG

BERATUNGS- UND ENTSCHEIDUNGSEBENE

9.6.2005

Abschließend verweist Frau Winkler darauf, dass dieses Schaubild noch nicht alle Akteure und deren Beziehungen abschließend erfasst und insbesondere die Querverbindungen zwischen den Ebenen noch fehlen.

Personelle Ausstattung des Projektes:

2003

- Frau Winkler (Projektleitung, Abteilungsleitung Stadt-, Grünplanung und Umweltschutz)
- Frau Krapp (Geschäftsstelle Letter-fit, Schwerpunkt Soziales)
- Frau Eichelberger (Geschäftsstelle Letter-fit, Schwerpunkt Verwaltung)
- Herr Saul (Stadtarchivar) für Frau Eichelberger
- Herr Neßlage (baubecon)

2004

- Frau Daehne-Sandvoss für Herrn Saul
- Frau Jaczminski (baubecon) als MA vor Ort

2005

- Frau Giesche für Frau Krapp (1.5.05)
- Neu: Frau Aden (10/05)

2006

Jahresbeginn schieden aus:

- Frau Jaczminski (baubecon)
- Frau Winkler (Projektleitung)
- Herr Scholz (Stadtdirektor)

Neu:

- Frau Althaus (baubecon)
- Herr Werner (1.8.06) (Projektleitung)
- Herr Balzer (permanente Vertretung für Stadtdirektor)

Nach der Kommunalwahl:

- Herr Schallhorn (Bürgermeister)
- Herr Gärtner (Ortsbürgermeister)

2007

- Frau Schmidt für Frau Giesche

2008

- Frau Aden Projektleitung

Alle Mitarbeiterinnen des Projektes sind nur in Teilzeit für das Projekt tätig. Die hohe Fluktuation wirft die Frage nach der Attraktivität und dem Stellenwert auf, den das Projekt innerhalb der Verwaltung hat. Auffallend ist, dass überwiegend Frauen nach der Elternzeit im Projekt arbeiten.

Zweifel daran, dass Zusammenarbeit mit Ehrenamtlichen gewünscht ist, kommen auf, wenn man die vereinbarten Arbeitszeiten der Teilzeitkräfte ansieht: vormittags und ein Nachmittag, jedoch nicht mehr der bisherige Kommunikationstag Mittwoch.

Die häufigen personellen Wechsel haben auch zur Folge, dass viele Dinge verloren gingen, u.a. Wissen um Absprachen, Protokolle, Fotos etc. Mehrfach wurden spätere Vorstandsmitglieder gebeten, diese Dinge wieder zur Verfügung zu stellen. Dabei ging die Stadt allerdings so weit, dass sie Fotos von Vereinsmitgliedern ohne Zustimmung und ohne Nennung des Urhebers in städtischen Publikationen verwandte.

Letter-Treff

Beide Arbeitsgruppen, Koordinierungskreis und Ortsmitte Letter, des Projektes forderten einen Raum für die Projektarbeit, in dem man spontan zusammenkommen kann und Materialien gelagert werden können. Ab 2005 wurde ein Teil der ehemaligen Pastorenwohnung (2 Räume, Küche, WC und Büro) im Zentrum von Letter von der Stadt gemietet.

Die Räume des Letter-Treffs stehen allen Gruppen kostenlos zur Verfügung, die die Zwecke der Sanierung verfolgen, z.B. den Arbeitsgruppen, der Integrationsgruppe, dem Verein „Letter-fit: Miteinander-Füreinander" e.V. (bis Mai 2008) und für Sprechstunden. Insbesondere sind die Räume für Gruppen, die sich neu finden, die neue Angebote testen wollen

Nachteile des Raums:

-   keine freie Sicht von außen, wen oder was man im Letter-Treff antrifft; dunkler Eingang stellt eine Hemmschwelle dar. Ein Ladengeschäft, wie von den Arbeitsgruppen gewünscht, wäre in dieser Hinsicht günstiger gewesen.

-   Raum ist fast 2 km von sozialem Brennpunkt entfernt. Die Menschen dort werden durch Angebote im Letter-Treff nicht erreicht.

Die Raumreservierung erfolgt über die Geschäftsstelle Letter-fit. Dies galt auch für den Verein.

Bereits vor der Vereinsgründung wurde mit der Projektleiterin geklärt, dass der Verein das Büro im Letter-Treff mitnutzen und den Treff als Vereinsadresse angeben soll. Damit sollte die Verbindung des Vereins zum Projekt und dessen Bedeutung für das Projekt deutlich werden.

Die Möblierung des Letter-Treffs erfolgte durch die Stadt ohne Beteiligung der potentiellen Nutzer. Zudem beschränkte sich die Ausstattung auf das Nötigste (Tische und Stühle).

Auf Initiative des Vereins und der baubecon fand Ende 2005 ein erstes Nutzertreffen statt, bei dem die Erwartungen geklärt, Aufgaben verteilt und mögliche Kooperationen ausgelotet wurden.

Quasi als Gegenleistung für die kostenlose Büronutzung verstand der Verein seine Anschaffungen von Dingen des täglichen Bedarfs, wie z.B. Stifte, Tesafilm, Papierkörbe, Handtücher etc. für alle Nutzer auf eigene Kosten, aber in enger Abstimmung mit der

1. Nutzertreffen 30.11.2005

Stadt. Ebenso führte der Verein mehrere große Aufräum- und Putzaktionen mit Mülltrennung und –entsorgung im Letter-Treff durch, denn wie bei vielen Gemeinschaftseinrichtungen fühlte sich niemand zuständig.

Von den beim Nutzertreffen vereinbarten Arbeiten übernahm der Verein den Grossteil und erledigte die Dinge zeitnah, z.B. Anschaffung und Montage von Verdunkelungsrollos, Vorhängen und Gardinen, Kleiderständern, etc..

Ein großes Problem bleibt die fehlende Lagermöglichkeit im Treff.

In Absprache mit der Projektleiterin beschaffte der Verein auf eigene Kosten eine neue Küche und baute diese auch auf eigene Kosten ein. So konnte der Lagerraum in der Küche verbessert werden.

Nach dem Auszug des Vereins gelang es der Stadt erstaunlich schnell, was vorher nicht möglich war, die vereinseigenen Dinge wie Küche, Mülleimer, Pinnwände etc. zu ersetzen.

Nutzertreffen sind keine mehr geplant, es gäbe nichts zu regeln. Die Vernetzung der Gruppen ist nicht mehr angestrebt und wird nicht unterstützt.

AG Koordinierungskreis

Soziales

Arbeitsgruppe
„Koordinierungskreis Letter-fit"

Letter-Treff, Kirchstr. 3, 30926 Seelze / Letter

e.mail: letter-fit@web.de und
letter-fit@stadt-seelze.de
Internetadr.: www.stadt-seelze.de
(Stichwort: Bauen und Wohnen/Letter-Fit)

Ansprechpartnerin:	Sprech-/Öffnungszeiten:
Petra Scholl, 0511 - 220 35 47 (Mi 15-17 Uhr) und 0151 - 177 529 38 Stadt Seelze, Geschäftsstelle Letter-Fit, Tel.: 05137 - 828 176	jeden 1. Dienstag im Monat ab 19:30 Uhr im Letter-Treff, Kirchstr. 3 in Letter

Der Koordinierungskreis ist - salopp formuliert - die ‚soziale Seite' des Sanierungsprogramms „Soziale Stadt", in dessen Rahmen das Projekt „Letter - Fit für die Zukunft" durchgeführt wird.
Die Aufgaben der Arbeitsgruppe sind die Entwicklung und Durchführung von (Mikro-) Projekten im Rahmen des Projektes „Letter - Fit für die Zukunft", die Koordination der angeschlossenen Arbeitsgruppen und die Öffentlichkeitsarbeit. Das Ziel der Arbeitsgruppe ist v.a. die Koordinierung und Bekanntmachung der Aktivitäten und die Realisierung eigener sozialer Maßnahmen.
Zu unseren (Mikro-)Projekten gehören z.B. die Neugestaltung des Spielplatzes in der Gerhart-Hauptmann-Straße und dem angrenzenden Straßenraum sowie die Organisation von Spielplatzfesten. Weitere Projekte sind in Planung.

Angebote	*Zielgruppe*
Neugestaltung des Spielplatzes und des angrenzenden Straßenraumes der Gerhart-Hauptmann-Straße	Anwohnerinnen und Anwohner
Spielplatzfeste in der Gerhart-Hauptmann-Straße	Kinder, die in der Gerhart-Hauptmann-Straße wohnen, alle interessierten Letteranerinnen und Letteraner

ehrenamtliche Tätigkeiten / neue Mitglieder

Jede und jeder ist zur ehrenamtlichen Mitarbeit in der Arbeitsgruppe willkommen. Zu tun gibt es auf Grund der vielfältigen Projekte immer genug: z.B. Kuchen backen, Handarbeiten, Spiele mit Kindern, Organisation und Planung ...
Das persönliche zeitliche Engagement steht selbstverständlich allen Mitarbeitenden frei. Allerdings ist eine (regelmäßige) Teilnahme an den monatlichen Sitzungen zum Austausch und für die weitere Planung erwünscht.

6.3.2008 von der Stadt Seelze aufgelöst

14

Inhaltliche Schwerpunkte /Themenkatalog (13.5.2003)	
Themen	**Reihenfolge**
Integration fremdsprachliche Bevölkerungsgruppen (multi+kulti)	3
Eigenverantwortung der Bürgerinnen/Identifizierung mit dem Stadtteil /Stärkung des „Wir-Gefühls"(z.B. durch Straßenfeste / Anonymität aufheben / Patenschaften / Gemeinschaftsfeste, um Einnahmen zu erzielen (Flohmarkt)	3
Freizeitangebote erhalten u. ausbauen für Jugendliche u. Ältere/ Abendangebot für Jugendliche /Begegnungsstätte für alle Altersgruppen	1
Verbesserung Kinderbetreuungsangebote , Hort, Krabbelgruppe, Ganztagsschulen, längere Kita-Öffnungszeiten/Betreuungsmöglichkeiten bis zum Eintritt in den Kindergarten	4
Breites Beratungsangebot (Sucht, NDT, Prävention + Integration, Projekte, Aktionen.	6
Patenschaften	
Spielplatz verbessern	
Betreutes Wohnen / Generationenwohnhaus	2
Tierpark/Streichelzoo/Kräutergarten/Naturlehrpfad	
Umsonst-Laden	
Weitere Themenvorschläge:	
Leih-Oma	
Arbeitslosentreff	5

Mitarbeit von Vereinsmitgliedern in Gremien des Projektes „Letter – fit für die Zukunft"

2003

- Vorbereitungsgruppe 1.+2. Stadtteilforum
- 1.+2. Stadtteilforum (Mai 2005, 25.11.2005)
- AG Ortszentrum Letter (jeden 3. Mittwoch im Monat)
- AG Koordinierungskreis Letter-fit (jeden 2. Dienstag im Monat)
- Letter-fit Kommission

2004

- AG Ortszentrum Letter (jeden 3. Mittwoch im Monat)
- AG Koordinierungskreis Letter-fit (jeden 2. Dienstag im Monat)
- Letter-fit Kommission

2005

- 1. Nutzertreffen (30.11.05)
- AG Ortszentrum Letter (jeden 3. Mittwoch im Monat)
- AG Koordinierungskreis Letter-fit (jeden 2. Dienstag im Monat)
- Letter-fit Kommission

2006

- 2. Nutzertreffen (13.9.2006)
- 3. Stadtteilforum 28.1.06
- AG Ortszentrum Letter (jeden 3. Mittwoch im Monat)
- AG Koordinierungskreis Letter-fit (jeden 2. Dienstag im Monat)
- Letter-fit Kommission

2007

- 3. Nutzertreffen (10.1.1007)
- Vorbereitungsgruppe Stadtteilforum
- 4. Stadtteilforum 1.6.2007
- AG Ortszentrum Letter (jeden 3. Mittwoch im Monat)
- AG Koordinierungskreis Letter-fit (jeden 2. Dienstag im Monat)
- Letter-fit Kommission

2008

- AG Ortszentrum Letter (jeden 3. Mittwoch im Monat)
- AG Koordinierungskreis Letter-fit (jeden 2. Dienstag im Monat) am 6.3.08 von Stadt aufgelöst
- Letter-fit Kommission
- Neugründung der AG Gemeinschaftsleben

Verhältnis Verein und Stadt

2005

- unter Mitwirkung der baubecon und Stadtverwaltung Treff als Vereinsadresse festgelegt, um die enge Beziehung zwischen Verein und Projekt deutlich zu machen
- Auf Bestreben von baubecon und Stadt Anbringen eines eigenen Hausschildes entsprechend der bereits vorhandenen.
- Das Offene Kaffeetrinken wird für den Mittwochnachmittag konzipiert, um die Kommunikation zwischen Stadt, baubecon und Verein zu erleichtern und Bürgern, die Fragen zur baulichen Sanierung haben, gleich an kompetente Ansprechpartnerinnen weiterleiten zu können (nur ein Weg)
- Öffentlichkeitsarbeit im Auftrag der Stadt (Beteiligung am Museumsfest, Kastanienfest)
- Organisation Spielplatzfest im Auftrag der Stadt
- Einrichtungen Besorgungen und Installierungen im Letter-Treff im Auftrag der Stadt (Gardinen, Rollos, Lampen, Regale, Mülleimer, Pinnwände, Gardaroben etc.)
- Aufräumaktionen im Treff
- Entwurf Hausordnung für den Treff
- Regelmäßige Gespräche zwischen Frau Winkler, Frau Jaczminski und dem Verein
- Logoentwicklung des Vereins während des offenen Kaffeetrinkens unter Beteiligung aller Interessierten
- Beratung und Unterstützung der Stadt nach Anfrage der Stadt

2006

- Gemeinsame Planung (Stadt, baubecon und Verein): über den Verein 1€-Kräfte zu beschäftigen, die tägliche Öffnungszeiten des Treffs und der Vertrauensbücherei gewährleisten und Ansprechpartner für die Nutzer sind (11.1.06)
- Kücheneinbau: Küche vom Verein auf eigene Kosten besorgt und eingebaut nach Absprache mit der Stadt

18

- Aufräumaktionen im Treff
- Regelmäßige Gespräche zwischen Stadt, baubecon und Verein werden seitens der Stadt eingestellt (letztes Gespräch 15.2.06)
- Herr Werner wird als neuer Projektleiter durch den Verein begrüßt und zu einem Gespräch eingeladen.
- Herr Werner lehnt ein Kennenlerngespräch ab
- 5.10.08: Herr Werner bestellt den Verein zu einem Termin, bei dem er dem Verein einen 10-Punkte Plan vorlegt, den der Verein erfüllen soll. Der Plan beinhaltet Forderungen, u.a. über Vereinsnamensänderung, Aufgabe der Internetseite bis Vereinsmitglieder sollen sich nicht mehr öffentlich äußern (keine Leserbriefe mehr schreiben).
- Im selben Gespräch erfolgt die Information an den Verein, dass die Mitarbeiterinnen der baubecon und der Stadt die Anweisung haben, im Büro zu bleiben und ihnen verboten ist, sich zu dem Verein zu setzen.
- Die Weiterführung der regelmäßigen Gesprächen zwischen Verein und Projektleitung wird von Herrn Werner abgelehnt
- Vieraugengespräch mit Ortsbürgermeister in offener Atmosphäre, Verein bietet Unterstützung an
- Beratung und Unterstützung der Stadt nach Anfrage der Stadt

2007

- Moderationsgespräch zwischen Stadt (2 Mitarbeiterinnen der Geschäftsstelle Soziale Stadt und 1. Stadtrat), Ortsbürgermeister, Verein, Vertreter der LAG Soziale Brennpunkte Niedersachsen e.V. unter Leitung der Stadt
- Getroffene Vereinbarungen werden von der Stadt im Rahmen einer Kommissionssitzung als „geäußerte Wünsche" abgetan, die die Stadt als nicht notwendig erachtet und deshalb nicht umsetzt
- Im November fordert die Stadt die Beseitigung des vereinseigenen Schaukastens auf Privatgelände in der Kirchstraße
- Die Kommission/Ortsrat beschließt im November 2007 „Leitlinien", die dem Verein Ende Januar 2008 zugesandt werden und die u.a. beinhalten,

- Protokolle der Arbeitsgruppe Koordinierungskreis werden bereits seit Oktober 2007 nicht mehr auf der städtischen Seite veröffentlicht und sind nicht mehr im Verteiler, ebenso die Protokolle aus März/April 2007, deren Inhalt nicht genehm ist (Kritische Anmerkungen zu den Bauvorhaben).

- Der Verein darf zum Weihnachtsmarkt das Basteln im Letter-Treff, wie in den letzten Jahren erfolgt, nicht mehr anbieten. Die Absage erfolgt kurzfristig.

2008

- Gespräch mit dem Bürgermeister (14.1.2008) in entspannter Atmosphäre; Vereinsmitglieder und freiwillige Helfer sowie 1 €-Kräfte stellen die Angebote des Vereins vor, die sie betreuen. Der Bürgermeister sagt seine Unterstützung zu und macht eigene Vorschläge zur Erleichterung der Vereinsarbeit (nicht eingehalten)

- 18.2.2008 Vieraugengespräch mit Ortsbürgermeister; Unterstützungsangebot für Müllsammelaktion, Kastanienfest trotz Baustelle und Bürgeraktivierung etc. angeboten

- Am 5.2.2008 nehmen Frau Aden und Herr Werner an der Sitzung des Koordinierungskreises teil, um gemeinsam einen Weg zu finden. Obwohl ein weiteres Vorgehen besprochen und ein weiterer Termin vereinbart wurde, löst die Stadt die Arbeitsgruppe Koordinierungskreis auf (Brief vom 11.3.08) und erscheint ohne Benachrichtigung nicht zum vereinbarten Termin

- Die Stadt fordert am 25.3.08 u.a. den Verein auf, den Vereinsnamen und die Internetseite zu ändern, sowie das offene Kaffeetrinken auf einen Tag zu legen, an dem niemand von der Stadt im Treff ist. Frist hierfür 14 Tage, zur Beurkundung weitere 7 Wochen. Bei Nicht-

Erfüllen der Forderungen wird angedroht, dem Verein die Nutzung des Letter-Treffs zu untersagen

- Der Verein bittet wiederholt um ein Gespräch zwischen Stadt und Verein. Dies wird von der Stadt abgelehnt.

- Der Verein erfüllt die kleineren noch genannten Forderungen, weist aber darauf hin, dass eine Namensänderung des Vereins in der gesetzten Frist satzungsmäßig nicht möglich ist und bittet um Fristverlängerung.

- Die Stadt verschärft ihre Forderungen und bleibt bei der kurzen Fristsetzung, innerhalb der die Namensänderung nicht nur beschlossen, sondern auch beurkundet sein muß. Das ist nicht möglich.

- Anordnung zur Räumung des Treffs und Verbot der Nutzung des Letter-Treffs für Vereinsaktivitäten ab 13.5.08

- Die Stadt teilt dem Verein am 29.4.08 mit, dass er nicht am Stadtteilfest am 24.5.08 teilnehmen darf.

- Die Stadt fordert, dass der neue Vereinsname mit der Stadt abgestimmt werden muß

- Der Verein wird vom Ortsbürgermeister nicht wie versprochen zur Teilnahme am Weihnachtsmarkt eingeladen.

In Anbetracht der Fristsetzung und der Ablehnung von Gesprächen stellt sich die Frage, wie ernst es mit einer Konfliktlösung des konstruierten Konfliktes war. Das Gespräch mit dem Bürgermeister passt nicht in dieses Szenario und hat falsche Hoffnungen bzgl. der Zusammenarbeit mit der Stadt geweckt.

Von der Stadt 2003 aufgestellte Spielregeln für das Arbeiten der Arbeitsgruppen:

Allgemeine Spielregeln für die gute Zusammenarbeit

- Alle Wahrnehmungen und Erfahrungen sind gültig auch wenn ich selbst eine andere Meinung habe.

- Wir suchen nach Gemeinsamkeiten, hören einander zu und fassen uns kurz.

- Wir erkunden, verstehen und würdigen Differenzen und andere Sichtweisen!

- Wir achten darauf, dass die für das Treffen vereinbarten Ziele in der zur Verfügung stehenden Zeit erreicht werden.

- Wir halten alle wesentlichen Informationen und Resultate schriftlich fest. Denn, nur was notiert wird, kann später nachvollzogen werden. (zur Unterstützung erhalten Sie das Protokollformular s. u.)

Vorgeschichte 2003/2004

Die Arbeitsgruppe Koordinierungskreis wagte sich als erste konkrete Maßnahme an die Sanierung des Spielplatzes Gerhart-Hauptmann-Straße. Dieser Spielplatz liegt im sozialen Brennpunkt abseits. Der Spielplatz ist so marode, dass er dringend saniert werden muß.

Das erste Spielplatzfest 2003 zeigte, wie schwierig es ist, Kontakt zu den Bewohnern aufzunehmen. Während des Festes blieben die „Gäste" fast unter sich und die Anwesenheit der Bewohner war nur durch die Bewegung der Gardinen zu erahnen. Erst nach erfolgtem Abbau trauten sich die Menschen wieder auf „ihren" Spielplatz.

Im Januar 2004 legte die Arbeitsgruppe Koordinierungskreis der Kommission ein integriertes Konzept für den Spielplatzbereich vor, das auf Nachhaltigkeit ausgerichtet ist:

Geplante Maßnahmen (1. Ausbaustufe):

1. *Umbau des Straßenbereiches im Bereich des Spielplatzes zur Spielstraße mit Minimalbreite und Parkverbot, „Aufmerksamkeitsschwellen" im Übergangsbereich*
   Vorteile:
   - Reduzierung der Gefährdung von Kindern
   - Platzgewinn für Spielplatz
   - Möglichkeit der Platzgestaltung -> attraktives Wohnumfeld

2. *Einbeziehung des Bahngeländes (ca. 2,5 m entlang der Lärmschutzwand)*
   Vorteile:
   - Reduzierung der Gefährdung von Kindern
   - Beseitigung der wilden Müllkippe
   - Platzgewinn für Spielplatz
   - Platzgewinn für mögliche Parkplätze oder Tischtennisplatte in der Kurve
   - Einsparung der Kosten für einen stabilen Zaune zum Bahngelände

3. *Neugestaltung des Spielplatzes*
   Vorteile:
   - *Gestaltung mit Spielgeräten die zu phantasievollem kreativen Spiel anregen*
   -> Reduzierung der Zerstörungsgefahr
   -> Reduzierung von Verletzungsgefahr durch risikoreiche Spiele

   - *Gestaltung mit Spielgeräten, die die Motorik fördern*
   -> Beitrag zur Sprachförderung
   -> Beitrag zur Verminderung des Unfallrisikos

   - *Trennung des Kleinkindbereiches und Sicherung durch Zaun und „Hunderost"*
   -> Erhöhung der Sicherheit von Kleinkindern

-> Erhöhung der Sauberkeit des Sandkastens durch Fernhalten von Hunden

- *Begegnungsmöglichkeit für Eltern*
-> Integration der verschiedenen Bevölkerungsschichten
-> Chance auf bürgerschaftliches Engagement für den Spielplatz,
    z.B. Pflege der Grünanlagen, Patenschaft für den Spielplatz,
betreute Spielzeiten

- *Berücksichtigung von Belangen Jugendlicher*
-> Reduzierung von Rumlungernden Jugendlichen auf dem
Spielplatz
-> Reduzierung der Verschmutzung mit Zigarettenresten und
Glassplittern

- Erhöhung des Bolzplatzzaunes im Rahmen der Sanierung des
Zaunes/ Wahl eines festen Zaunes
-> Reduzierung der Gefahr für spielende Kinder und geparkte
Fahrzeuge durch fehl fliegende Bälle
-> längere Haltbarkeit

4. ***Begleitende Maßnahmen zur Steigerung der Nachhaltigkeit***
- Einbeziehung der Anwohner, Zeichen, dass sie wichtig sind
- Beispiele:
-> Beteiligung bei der Planung und Umsetzung
-> Pflanzaktion von Blumenzwiebeln
-> Müllsammelaktion
-> Veranstaltungen von Verei-
nen/Organisationen/Geschäftsleuten/Privatleuten
-> ....

Geplante Maßnahmen (2. Ausbaustufe):

1. Ausweitung des Spielstraßenbereichs

2. Bei Bedarf Schaffung von Ersatzparkplätzen

3. Aufstellen einer Tischtennisplatte

4. Aufpflasterung der Einmündungen in die Lange-Feld-Straße von Blumestraße, Kurze Kamp und Gerhart-Hauptmann-Straße (zum Beginn der 30km-Zone, heute nicht erkennbar)

August 2003	1. Spielplatzfest
Dezember 2003	Spielplatzbegehung durch Arbeitsgruppe Dokumentation des Zustandes
28.1.2004	**Präsentation der Planung für Spielplatz und Straßenraum in der Letter-fit-Kommission**
13.4.2004	2. Spielplatzfest
April 2004	Kommission empfiehlt Ortsrat Beschluss der Maß-nahme, reduziert auf Spielplatz Ortsrat folgt der Empfehlung
August 2004	Kostenanerkennung durch die Bezirksregierung
Januar 2005	Beginn der Neugestaltung mit dem Abriß der alten Spielgeräte
Mai 2005	Erste Nutzung der neuen Spielgeräte möglich
13.6.2005	**Freigabe des Spielplatzes nach Anwachsen des Rollrasens**
17.6.2005	3. Spielplatzfest, Einweihungsfeier
Januar 2006	Erste Planungen durch Planungsbüro für den an-grenzenden Straßenraum vorgestellt
Ende 2007	Umbau Straßenabschnitt am Spielplatz

Leider wurde eine Einbeziehung der Bewohner in die Planungen von der Stadt abgelehnt, ebenso eine Beteiligung beim Abriß und Aufbau der Spielgeräte. Das die Bereitschaft der Bewohner vor-handen ist, etwas für „ihren" Spielplatz zu tun, wurde deutlich, als die Bewohner nach dem Bau Unrat vom Spielplatz entfernten wie herausstehenden Draht, Glasscherben etc. für den sich weder Stadt noch Baufirma zuständig fühlten.

2. Spielplatzfest 13.4.2004

Am 2. Spielplatzfest nahmen schon einige Bewohner mehr teil. Beim dritten Spielplatzfest halfen Bewohner kräftig mit, z.B. beim Auf- uns Abbau, kochten Kaffee in ihrer Wohnung, gaben Strom etc.

Spielplatzvergleich

Gründung 25.1.2005

Gründungsgründe

Auslöser für die Vereinsgründung ist die Unzufriedenheit mit dem bisherigen Projektverlauf:

- kaum Öffentlichkeitsarbeit

- Bürger werden nicht ernst genommen

- Verwaltungsarbeiten dauern zu lange

- Internetauftritt dürftig und versteckt auf den Seiten der Stadt

- Kein Quartiersmanagement, kein Streetworker

Personelle Besetzung des Projektes auf Verwaltungsseite ist zu dünn und nicht kontinuierlich, darum Angebot ehrenamtlicher Unterstützung.

Alternative zur Vereinsgründung: Ehrenamt einstellen. (verworfen)

Wunsch: Stadt wird (Gründungs-)Mitglied im Verein; auch die anderen Arbeitsgruppen wurden persönlich zur Gründungsversammlung eingeladen ebenso wie die Bürger Letters durch Aushang

Gründung

- Gegründet aus der Arbeitsgruppe „Koordinierungskreis Letterfit" (damals Vereine/Verbände/Soziales)

- Als Förderverein für das Soziale Stadt Projekt „Letter – fit für die Zukunft"

- Als selbsttragende Struktur, damit nach Projektende etwas bleibt bzw. weitergeführt wird.

Ziele des Vereins

Der Verein "Letter-fit: Miteinander-Füreinander" e.V. wurde im Januar 2005 zur Förderung des Soziale Stadt Projektes "Letter - fit für die Zukunft" gegründet. Er ist gemeinnützig.

Letter-fit: Miteinander-Füreinander e.V.: Füreinander da sein - Miteinander Nachbarschaft gestalten: Durch die Förderung neuer Kontakte und gemeinsamer Aktivitäten soll die Gemeinschaft gestärkt und die Atmosphäre im Stadtteil verbessert werden.

Zur Zeit führt der Verein im Rahmen des 'Soziale Stadt' - Projektes „Letter-fit für die Zukunft" verschiedene Projekte für unterschiedliche Zielgruppen durch.

Ziel ist die Förderung von Eigeninitiative und nachbarschaftlicher Zusammenarbeit und damit der Verbesserung der Lebensqualität insbesondere in sozialen Brennpunkten.

Die Vereinsmitglieder arbeiten ehrenamtlich und sind offen für Interessierte und Engagierte, für Fördermitglieder und Neugierige jeden Geschlechts, jeden Alters und jeder Herkunft.

Mitglieder
- Jede natürliche oder juristische Person gewünscht: Mitgliedschaft von Vereinen, Verbänden, Parteien, Stadt Seelze, ...
- Aktives Mitglied oder Fördermitglied
- Mitgliedsbeitrag 1 €/Monat
- 4 € Aufnahmegebühr

Ehrenamtliche Tätigkeiten / neue Mitglieder
- Jede und jeder ist willkommen - zu tun gibt es genug:
- Mitwirkung bei den Projekten oder bei der Vereins- und Verwaltungsarbeit, z.B. Fundraising, Abrechnung, Öffentlichkeitsarbeit, Kaffeestube betreuen, Internetauftritt, Sprechstunde, Kinderspiele, Kinderbasteln, Vorlesen, Infomaterial verteilen, Standdienst …
- Eigene Ideen einbringen ist ausdrücklich erwünscht.
- Der Zeiteinsatz richtet sich nach den individuellen Möglichkeiten und der übernommenen Tätigkeit.

Aufgaben

- Betreuung und/oder Mitarbeit bei Angeboten und Projekten des Vereins
- Förderung von Bürgerbeteiligung
- Öffentlichkeitsarbeit
- Vernetzung der Aktiven vor Ort
- Beratung und Unterstützung von Gruppen, die Projekte im Rahmen der Sozialen Stadt durchführen wollen.
- Rechtsträger, um Fördermittel beantragen zu können

Was ist erreicht?

- Gute Öffentlichkeitsarbeit
- Internetauftritt
- Ansprache von Bürgern
- Vernetzungstreffen der örtlichen Vereine/ Gruppen/ Organisationen
- Aktivitäten im sozialen Brennpunkt
- Anlaufstelle für interessierte Bürger
- Durchführung von zahlreichen Projekten
- Gefördert durch das Land Niedersachsen

Vision

- Verein als „Dach" für zahlreiche Aktivitäten
- Letter in Bewegung
- Bürger setzen sich für ihren Stadtteil ein
- Wir für Letter
- Jeder, auch Vereine, Verbände, Parteien, Stadt, Geschäftsleute und andere juristische Personen etc. werden Mitglied

Seelze   *LZ 28.1.05*   13

Arbeitsgruppe führt zur Vereinsgründung

Vorstand will nachhaltige Strukturen in Letter schaffen

VON BERND MOEBUS

LETTER. Aus der Arbeitsgruppe Vereine, Verbände und Soziales des Sanierungsprojektes „Letter – fit für die Zukunft" hat sich der Verein „Letter – fit: Miteinander – Füreinander" gegründet. Ziel des Vereins ist die Schaffung nachhaltiger und selbsttragender Strukturen in Letter über den Förderzeitraum des Projektes „Letter – fit für die Zukunft" hinaus.

Der Mangel an gewachsener Stadtteilstruktur soll nach dem Willen des neuen Vorstands durch ein neues Gemeinschaftsgefühl ersetzt werden. Die Mitglieder haben in der Gründungsversammlung Petra Scholl, die bisher die Arbeitsgruppe leitete, zur Vorsitzenden gewählt. Lars Christians ist zweiter Vorsitzender, Jörn Herrmann Schriftführer und Angelika Erbrich Schatzmeisterin.

Der Verein will nachbarschaftliche Aktivitäten fördern, um durch gegenseitige Hilfe und gezielte Angebote ein gutes soziales Miteinander zu schaffen. Die gegenseitige Integration von Alteingesessenen und Neuzugezogenen zu einer Gruppe mit gleichberechtigtem Umgang will der Verein fördern. Als nächste Schritte plant der Klub, einen Nachbarschaftstreff zu schaffen, der durch Patenschaft für Neubürger mit Leben erfüllt werden soll.

Vorstandsmitglieder sind mittwochs, von 15 bis 16 Uhr, im Letter-fit-Treff, Kirchstraße 3, zu erreichen. Auskünfte erteilt außerdem Petra Scholl unter Telefon (05 11) 48 21 07.

Der nächste Sitzungstermin der Gruppe ist für Dienstag, 1. Februar, ab 19 Uhr im Letter-fit-Treff geplant.

Der Vorstand (von links): Petra Scholl, Lars Christians, Jörn Herrmann und Angelika Erbrich.

Mitgliederentwicklung / Beschäftigte

Seit 2007 hat der Verein Arbeitsgelegenheiten (1€-Jobs) geschaffen zur organisatorischen Betreuung der Angebote wie. z.B. Raum vorbereiten und nachbereiten, Unterstützung der Gruppenleiterin etc. Zunächst ein Job, wurden es schon bald drei Jobs. Anfang 2008 konnte eine Stelle im Rahmen 50+ geschaffen werden, die drei Jahre Tätigkeit bot. Diese Jobs mussten wegen fehlender Räume aufgegeben werden.

2005/2006 Beschäftigung von einer bzw. zwei Honorarkräften.

Mitgliederentwicklung: Gründung 7, 2006 + 1, 2007 +3, 2008 + 3. Nach dem Wegfall der Angebote bzw. wegen des Konflikts, der den Spaß an der Arbeit trübt, traten 5 Mitglieder aus.

31

Das erste Jahr 2005

Beratung und Begleitung in der Gründungsphase durch

- Sanierungsträger baubecon
- LAG Soziale Brennpunkte Niedersachsen e.V.
- Enge Abstimmung mit der Stadt Seelze

alle Aktionen des Vereins

- in enger Abstimmung mit der Stadt,
- mit Unterstützung der Stadt und
- teilweise im Auftrag der Stadt.
- Öffentlichkeitsarbeit für das gesamte Projekt „Letter – fit für die Zukunft"

Teilnahme an Festen: (Information/ Spiel, etc.)

- Markt der Möglichkeiten
- Museumsfest
- Grachtenfest
- Kastanienfest
- Weihnachtsmarkt (offene Tür)

Organisation von Festen/Aktionen

- Spielplatzfest
- Blumenzwiebelpflanzaktion

Durchführung von Projekten

- Aufbau Vertrauensbücherei
- Einführung Offenes Kaffeetrinken mit Themen, z.B. Lange-Feld-Straße
- Coaching Verein (LOS)
- Patenschaften für Neubürger (LOS)
- Broschüre „Was ist los in Letter?"(LOS)

Teilnahme an Veranstaltungen

- Bewohnerinitiativentreffen Niedersachsen Nienburg
- 1. Nutzertreffen Letter-Treff

Öffentlichkeitsarbeit

- Internetauftritt
- Pressearbeit

Markt der Möglichkeiten
21.5.05

Museumstag
22.8.2005

34

Kastanienfest
17.9.2005

3. Spielplatzfest
17.6.2005

35

3. Spielplatzfest Gerhart-Hauptmann-Strasse 17. Juni 2005

umschau 23. 11. 05

Blumenpflanzaktion war ein voller Erfolg

LETTER. Die Blumenpflanzaktion war ein voller Erfolg: Für die mehr als 20 Aktiven war es ein gelungener Tag. Mit so vielen Helfern machte das Setzen der Blumenzwiebeln richtig Spaß. Die zahlreichen Kinder waren in ihrem Eifer kaum zu bremsen und auch die Väter packten nach kurzer Ansprache kräftig zu. Eine besondere Attraktion war die Murmelbahn cuboro, die doch einige Überlegung erforderte bis die Murmeln dorthin rollten, wo man sie haben wollte. Gerne malten die Kinder auch Schilder, mit denen sie die Blumen schützen wollen.

Vorbereitungen und Eröffnung der Vertrauensbücherei zum
Weihnachtsmarkt in Letter am 27.11.2005

Das zweite Jahr 2006

Teilnahme an Festen: (Information/ Spiel, etc.)

- Maibaum
- Museumsfest
- Rathausfest
- Kastanienfest (Kaffeestube)
- Laternenumzug
- Weihnachtsmarkt (offene Tür mit Kinderkino)

Organisation von Festen/Aktionen

- Bewohnerinitiativen-Treffen Niedersachsen in Letter
- Ferienpassaktion
- Abschlussveranstaltung LOS-Projekte des Vereins
- Einbau Küche im Treff

Durchführung von Projekten

- Vorlesezelt
- Coaching Verein (LOS)
- Patenschaften für Neubürger (LOS)
- Broschüre „Was ist los in Letter?"(LOS)

Teilnahme an Veranstaltungen

- Bewohnerinitiativentreffen Niedersachsen Nienburg
- 2. Nutzertreffen
- 3. Stadtteilforum

Öffentlichkeitsarbeit

- Internetauftritt
- Pressearbeit
- Schaukasten Gerhart-Hauptmann-Straße

Vereinsintern

- Weihnachtsessen

Niedersachsenweites Bewohnerinitiativentreffen in Letter
15.3.2006 auf Einladung des Vereins

Maibaum aufstellen

Abschlussveranstaltung
LOS-Projekte/ Einweihung der
neuen Küche 25.6.2006

43

Letter-fit freut sich über Resonanz beim Rathausfest

Viele Einwohner nehmen gern Info-Broschüre mit

SEELZE. Beim Rathausfest in Seelze interessierten sich viele Bürger für Letter-fit. Die Pläne für die neue Gestaltung von Letters neuer Mitte wurde von den städtischen Mitarbeiterinnen erläutert. Aber auch die sozialen Projekte stießen auf Interesse. Sehr viele Bürgerinnen nutzen die Gelegenheit, die Broschüre „Was ist los in Letter?" mitzunehmen. Diese Zusammenstellung von Freizeit- und Beratungsangeboten in und für Letter wurde vom Verein Letter – fit: Miteinander – Füreinander anlässliche eines Projektes erarbeitet. Man kann sie beim Verein Letter-fit im Letter-Treff, Kirchstraße 3, in den Bürgerbüros in Letter und Seelze sowie in zahlreichen Geschäften in Letter erhalten. Der Verein sorgte beim Rathausfest auch für das leibliche Wohl der Rathausbediensteten und der zahlreichen Gäste mit zahlreichen selbst gebackenen Kuchen und Kaffee sowie Tee. Die Waffeln waren nicht nur bei den Kindern sehr beliebt.

Angelika Erbrich (rechts) versorgt die Besucher mit den zahlreichen Köstlichkeiten vom großen Kuchenbüfett.

LZ 19.7.06

44

Museumstag 2006

Kastanienfest 2006

Letter – fit fährt nach Nienburg zum Initiativen-Treff

Verein holt sich bei Veranstaltung Hilfestellung und Anregungen

LETTER. Der Verein Letter – fit: Miteinander – Füreinander ist ins Stadtteilhaus Nienburg-Lehmwandlung zum niedersachsenweiten Bewohner-Initiativen-Treffen der Landesarbeitsgemeinschaft (LAG) soziale Brennpunkte gefahren. Die Vertreter kamen aus Berenbostel, Oldenburg und Delmenhorst. Zum Teil waren auch mehrere Vertreter aus derselben Stadt, aber unterschiedlichen Initiativen anwesend.

Das Programmgebiet Lehmwandlung ist mit dem Programm-

Die Vertreter der verschiedenen Initiativen sehen sich in Nienburg um.

gebiet in Letter vergleichbar. Daraus erklärt sich das besondere Interesse, dass der Seelzer Verein an einem regen Kontakt hat. Nach dem Austausch der Gruppen im Plenum stellte Carmen Prummer von der AWO Nienburg, die im Soziale Stadt Projekt Lehmwandlung tätig ist, die Ergebnisse vor. Für den Verein Letter – fit gab es zahlreiche Anregungen und Hilfestellungen.

LZ 1.11.06

Letter-fit-Verein informiert auf dem Weihnachtsmarkt

Der Treff wird von Kindern und Erwachsenen gut besucht

LETTER. Der Letter-fit-Verein blickt zufrieden auf den Weihnachtsmarkt in Letter zurück.

Auf dem Markt bot der Verein im Letter-fit-Treff Weihnachtsbasteln für Junge und Junggebliebe-

Interessiert studieren die Letteraner das Informationsmaterial im Letter-fit-Treff.

ne an sowie Kinderkino. Auch Erwachsene folgten gespannt den Geschichten vom kleinen Eisbären sowie den Abenteuern von Susi und Strolch.

Besonders gefragt waren aber die Informationen zu den Vereinsaktivitäten sowie dem Soziale-Stadt-Projekt Letter – fit für die Zukunft. Die Vereinsmitglieder zeigten Möglichkeiten auf, wie und was getan werden kann, statt die Entwicklung von Letter nur zu beklagen.

Das Soziale-Stadt-Projekt bietet dazu einen guten Rahmen. Allerdings müssen die Einwohner ihre Beteiligungsmöglichkeiten auch annehmen und einfordern.

LZ 20.12.06

46

Das dritte Jahr 2007

Teilnahme an Festen: (Information/ Spiel, etc.)

- Maibaum
- Frauenfest
- Museumsfest
- Schulfest BGS
- Kastanienfest
- Theaterbesuch zum Weltkindertag

Organisation von Festen/Aktionen

- Ferienpassaktion

Durchführung von Projekten

- Mobile Kinderbuchausleihe

Teilnahme an Veranstaltungen

- Jubiläumsveranstaltung der SPD Letter
- Bewohnerinitiativentreffen Niedersachsen
- 3. Nutzertreffen
- 4. Stadtteilforum

Öffentlichkeitsarbeit

- Internetauftritt
- Pressearbeit
- Schaukasten Gerhart-Hauptmann-Straße
- Schaukasten Kirchstraße 3
- Vorstellung des Vereins bei Sitzung des Schulelternrates Brüder-Grimm-Schule

Vereinsintern

- Flughafenbesichtigung und Einkehr aus Anlaß des 2-jährigen Jubiläums
- Workshop zur Erarbeitung von Visionen und ihrer Erreichung
- „Oma"-Feier anlässlich dreier frisch gebackener Omas innerhalb von 10 Tagen
- Weihnachtsfeier

Flughafenbesichtigung 3.3.07

Maibaum Aufstellen am
28.4.2007

Frauenfest März 2007

Kennenlernfest Brüder-Grimm-Schule
21.9.07

Vereine
an der Leine

Gleich geht es los: Die Kinder aus Letter freuen sich auf den Besuch des Schauspielhauses und besonders auf das Stück von Cornelia Funke.

Einladung zum Theaterbesuch

Ministerium ermöglicht Kindern vom Verein Letter-fit, das Stück „Tintenblut" zu sehen

LETTER. Der Verein Letter-fit: Miteinander-Füreinander ist mit 15 Kindern und fünf Betreuuerinnen nach Hannover ins Theater gefahren. Die meisten Teilnehmer wohnen im Sanierungsgebiet Letter – fit für die Zukunft. Vor allem die Kinder waren von dem Stück „Tintenblut" von Cornelia Funke begeistert.

Zu der Veranstaltung eingeladen hatten das Niedersächsische Ministerium für Soziales, Frauen, Familie und Gesundheit und der Deutsche Kinderschutzbund. Landesweit waren Kinder aus Programmgebieten Soziale Stadt ins Schauspielhaus eingeladen worden.

Als Überraschung gab es nach dem Theater noch eine Tüte, gefüllt mit Verpflegung für den Heimweg, und Infomaterialien zu den Kinderrechten.

Nähere Informationen zum Verein und seinen Aktivitäten gibt es im Internet unter www.letter-fit.de.

Kastanienfest 2007

Das vierte Jahr 2008

Teilnahme an Festen: (Information/ Spiel, etc.)

- Spendensammelaktion beim Flohmarkt
- Sommerfest Krippe
- Schulfest BGS

Organisation von Festen/Aktionen

- „Baustellenfest" zum Weltkindertag
- Fotoschau zum Baustellenfest
- Ausstellung zur Vereinsgeschichte

Durchführung von Projekten

- Dokumentation zur Vereinsgeschichte

Mitarbeit in Projekten

- Imagekampagne

Teilnahme an Veranstaltungen

- Festessen der Schützengesellschaft Letter
- Bewohnerinitiativentreffen Niedersachsen beim Projekt Neuland in Berenbostel

Öffentlichkeitsarbeit

- Gespräch mit Bürgermeister Schallhorn
- Internetauftritt
- Pressearbeit
- Schaukasten Gerhart-Hauptmann-Straße
- Schaukasten Kirchstraße 3
- Stammtisch

Vereinsintern

- Vereinsfeier anlässlich des 3-jährigen Bestehens
- Berlinfahrt mit Besuch des Bundestages

Gespräch mit
Bürgermeister
Schallhorn

14.1.2008

Ausstellung zu vier Jahren
Vereinsgeschichte in der Filiale Letter
der Sparkasse Hannover Dez 2008

Auszug
13.5.08

Kennenlernfest BGS

12.9.2008

54

Baustellenfest
20.9.2008

Fahrt zum Reichstag 13.10.08

Durchgeführte LOS-Projekte

Projekt Broschüre „Was ist los in Letter?"

Ziel der Broschüre ist es, über Angebote in Letter zu informieren und zum Aktiv-werden anzuregen. Das Heft soll unter anderem dazu beitragen, daß neu Zugezogene sich schneller und leichter in Letter zurechtfinden und einleben können.

Im Hauptteil befindet sich die Darstellung der Vereine und Gruppen, sortiert nach Rubriken. Die Vereine, Verbände, Initiativen und Gruppen haben jeweils selbst eine Rubrik angegeben, der sie sich mit dem Schwerpunkt ihrer hier vorgestellten Angebote zuordnen.

Es schließt sich eine Liste mit Adressen an, die wir bei unterschiedlichen Problemen für hilfreich halten. Verschiedene Register am Ende ermöglichen ein gezieltes Nachschlagen.

Diese Broschüre ist ein Projekt im Rahmen der Programme „Soziale Stadt - Letter-Fit für die Zukunft" und „Lokales Kapital für soziale Zwecke" (LOS), gefördert vom Europäischen Sozialfonds und dem Bundesministerium für Familie, Senioren, Frauen und Jugend.

2000 Broschüren werden in Letter kostenlos verteilt. Sie werden von Neubürgern wie Alt-Letteranern gleichermaßen gerne genommen.

Noch nicht in der Broschüre vertretene Vereine und Gruppierungen haben bereits Daten für die Neuauflage der Broschüre geliefert. Eine Finanzierung ist noch nicht gesichert.

Projekt Coaching

Ziel des Coachings ist es, die Vereinsmitglieder und Ehrenamtliche, die die Vereinsarbeit unterstützen, zu schulen und zu unterstützen. Es werden mehrere Workshops zu verschiedenen Themen wie Vereinsführung, Öffentlichkeitsarbeit, Marketing und Fundraising durchgeführt.

Als Multiplikatoren qualifiziert werden die Teilnehmenden im Stadtteil auch andere Vereine und Gruppierungen bei ihrer Arbeit unterstützen. Da viele Vereinsmitglieder auch in anderen Vereinen aktiv sind, erfolgt ein direkter Wissenstransfer.

Greifbare und sichtbare Erfolge sind:

- Entwicklung des Vereinslogos, unter Beteiligung der Öffentlichkeit
- Erstellung des Vereinsflyers
- Aufbau und Pflege des Internetauftritts des Vereins
- Werbung neuer Vereinsmitglieder
- Ehrenamtliche Weiterarbeit von zwei Coachs

Das Coaching ist ein Projekt im Rahmen der Programme „Soziale Stadt - Letter-fit für die Zukunft" und „Lokales Kapital für soziale Zwecke" (LOS), gefördert vom Europäischen Sozialfonds und dem Bundesministerium für Familie, Senioren, Frauen und Jugend.

Projekt Patenschaften

Die Lebensqualität und Lebendigkeit eines Stadtteils steht und fällt mit der Bereitschaft von Menschen, sich für ihre Mitmenschen einzusetzen. Wer Hilfe und Solidarität erfährt, fühlt sich schnell zu Hause. Wer sich zu Hause fühlt, hat einen wichtigen Grund, sich ebenfalls für diesen Ort und die Allgemeinheit zu engagieren.

Das Projekt Patenschaften "Miteinander-Füreinander" will einen gleichberechtigten Umgang und ein gutes soziales Miteinander zwischen alteingesessenen und neu zugezogenen Bürgerinnen und Bürgern in Letter fördern. Gegenseitige Vorurteile sollen abgebaut und das Gemeinschaftsgefühl und die sozialen Netzwerke in Letter gestärkt werden.

Im Rahmen des Projekts soll neu zugezogenen Bürgerinnen und Bürgern das Ankommen im neuen Stadtteil erleichtert werden. Es werden engagierte Menschen gesucht, die bereit sind, die Patenschaft für eine Person oder Familie übernehmen. Der Verein „Letter-fit: Miteinander-Füreinander" stellt den Kontakt zwischen Ehrenamtlichen und Hilfesuchenden her und unterstützt die Patinnen und Paten bei Ihrer Arbeit. Für die Mitarbeit sind keine speziellen Kenntnisse erforderlich. Die Möglichkeiten der ehrenamtlichen Mithilfe sind vielfältig.

„Patenschaften" ist ein Projekt im Rahmen der Programme „Soziale Stadt - Letter-Fit für die Zukunft" und „Lokales Kapital für soziale Zwecke" (LOS), gefördert vom Europäischen Sozialfonds und dem Bundesministerium für Familie, Senioren, Frauen und Jugend.

Unsere Angebote

Alle Angebote sind kostenlos. Die Anbieter arbeiten alle ehrenamtlich.

Für Getränke und Material wird um eine Spende gebeten.

Die Angebote sind langsam gewachsen. Ihre Entstehung richtet sich einerseits nach dem, was Menschen angeboten haben, andrerseits nach dem, was nachgefragt wurde.

Nur wenn beides zueinander passt, wird daraus ein längeres Angebot.

Zusätzlich wird immer wieder überprüft, ob die Angebote in der derzeitigen Form noch angenommen wurden und durchführbar sind oder modifiziert oder eingestellt werden müssen.

Nicht alles, was ausprobiert wird, wird in ursprünglicher Art fortgesetzt:
Beispiel Vorlesen: Vorlesen im Treff wurde nicht gut angenommen, das Vorlesezelt auf dem Spielplatz ist dagegen ein Erfolg. Allerdings wollen die Kinder nicht nur vorgelesen bekommen, sondern auch gerne selbst vorlesen.

Neues Angebot:

Letter-Stammtisch

Jeden 2. Montag im Monat um 19:30 bis 21 Uhr im Restaurant Ikarus II an der Lange-Feld-Straße/Kastanienplatz statt.

Es besteht kein Verzehrzwang.

Der Verein will auch ohne eigene Räume weiterhin als Kontaktstelle dienen, für Neubürger und Alteingesessene, für Ratsuchende und Ratgebende, für Menschen, die aufgrund von Arbeitslosigkeit, Rente oder Auszug von Kindern eine sinnvolle Freizeitbeschäftigung suchen, für Alt und Jung. Gemeinsam mit weiteren Mitbürgern werden Ideen für ein gutes Miteinander im Stadtteil entwickelt und umgesetzt.

Auf den ersten Blick wirkt Letter, gerade jetzt mit den ganzen Baustellen, nicht sehr einladend. Aber Letter hat viele schöne Seiten und verborgene Schätze.

Damit sich Neubürger besser zurecht finden in der neuen Umgebung und erste Kontakte knüpfen können, laden wir Sie zu unsrem Stammtisch ein.

Alteingesessene sind ebenfalls herzlich eingeladen, um die Neubürger willkommen zu heißen und selbst den Blick wieder auf das Gute und machbare in Letter zu wenden.

Beim gemütlichen Beisammensein werden (Geheim-) Tipps für das Leben in Letter gegeben, Unterstützung bei Fragen zu Schule, Kinderbetreuung, Vereinen, Behördengänge etc angeboten und weitere Fragen zu Anforderungen des täglichen Lebens besprochen.

Es können auch gemeinsame Stadtrundgänge und weitere Aktionen vereinbart werden.

Der Tisch ist an den blauen Wimpeln erkennbar.

Folgende Angebote, die z.T. seit 4 Jahren durchgeführt wurden, müssen derzeit mangels geeigneter Räume entfallen:

Regelmäßige Angebote

Offenes Kaffeetrinken

Mittwochs 15:30 bis 17 Uhr im Letter-Treff

Das Offene Kaffeetrinken lädt seit Frühjahr 2005 jeden Mittwochnachmittag Menschen zur Begegnung ein.

Hier ist Raum für jeden, der Gesellschaft sucht, Ideen für das Soziale Stadt Projekt entwickeln und umsetzen will, der neue Leute kennen lernen möchte, der Informationen über Letter, das Leben in Letter, das Soziale Stadt Projekt "Letter - fit für die Zukunft" geben und erhalten will etc.

Menschen, die neu in der Stadt sind, die einsam sind, die Kontakt suchen, die etwas für ihren Ort tun wollen - jeder ist herzlich willkommen.

2005 entwickelte sich das Offene Kaffeetrinken in enger Zusammenarbeit mit den Mitarbeiterinnen der Stadt Seelze und dem Sanierungsträger baubecon zu einer Ideenschmiede für neue Projekte und Kooperationen. Zusätzlich gab es immer wieder Veranstaltungen mit besonderen Themen: Basteln, Vorlesen, Feiern, aber auch inhaltliche Themen wie Lange-Feld-Straße, Planungen für das Ortszentrum, „Partnerbesuchsdienst", „Großelterndienst" u.v.m. Die Termine mit inhaltlichen Themen finden in enger Abstimmung und meist mit Referenten der Stadt statt.

Seit 2007 kommen vermehrt Menschen zum Offenen Kaffeetrinken, die Hilfe und Rat suchen. So helfen die Anwesenden z.B. beim Ausfüllen von Formularen, geben Tipps zum Finden einer Tagesmutter, nennen Institutionen und Ansprechpartner für große

und kleine Probleme u.v.m. Es hat sich in Letter herumgesprochen, dass es mittwochs im Treff kompetente Ansprechpartner
gibt, die gern mit ihrer Erfahrung weiterhelfen.

2005 wurde das offene Kaffeetrinken vom Niedersächsischen
Landesamt für Soziales, Jugend und Familie gefördert.

Vertrauensbücherei

beim offenen Kaffeetrinken mittwochs 15-17 Uhr und bei Veranstaltungen im Letter-Treff können Bücher kostenlos ausgeliehen werden.

2005 richtete der Verein im Letter-Treff im Ortszentrum, Kirchstr. 3, eine Vertrauensbücherei ein, um den Letteranern wieder eine Bücherei zu geben. Die städtische Bücherei war einige Jahre vorher wegen einer Kostenersparnis von 10.000 €/Jahr geschlossen worden. Die Bücherei wird gut angenommen und hat auch einige Stammleser. Außerdem ist die Bücherei ein wichtiger Baustein der Integration und des Spracherwerbs.

Die Bücher sind Spenden überwiegend von Letteranern. In alphabetischer Sortierung, mit Ausnahme einiger Sachbücher und Bildbände, befinden sich die Bücher im Eingangsbereich und im großen Raum.

Die Bücher sind nicht registriert, lediglich mit dem Vereinsstempel gekennzeichnet. Sie werden im Vertrauen darauf, daß sie zurückgebracht werden, entliehen. Es wird lediglich gebeten, sich in ein Entleihbuch einzutragen, so daß dokumentiert werden kann, wie stark die Bücherei genutzt wird.

2005 wurde die Vertrauensbücherei vom Niedersächsischen Landesamt für Soziales, Jugend und Familie gefördert.

LZ 4.3.06

Seelze

In Letter-fit-Bücherei geht es um Vertrauen

Für die Leser gibt es mehr als 300 Schmöker – Nutzung kostenlos

VON CHRISTIANE MAHNKE

LETTER. Klein, aber fein – so könnte zurzeit das Motto der Vertrauensbücherei des Letter-fit-Treffs im ehemaligen Pfarrhaus neben der St.-Michael-Kirche lauten. Petra Scholl (43), Vorsitzende des Vereins Letter – fit: Miteinander – Füreinander, und die ehrenamtliche Mitarbeiterin des Treffs, Birgit Gerber (36), betätigen sich derzeit fleißig als Freizeit-Bibliothekarinnen. „300 Bücher haben wir bestimmt schon in den Regalen aufgestellt", sagte Gerber.

Gut und gerne das Doppelte davon schlummert noch in den Kisten, die der Bücherei seit Öffnung Ende November des vergangenen Jahres kostenlos von einigen Letteraner Lesefreunden zur Verfügung gestellt wurden. „Viele haben uns ihre Bücher mitgebracht, damit sich auch andere daran erfreuen können", sagte Scholl.

Die Schmöker sollen helfen, die Letteraner zu einem Besuch im Treff zu animieren, sie dadurch einander näher zu bringen, um letztlich den nachbarschaftlichen Zusammenhalt zu fördern – gemäß dem übergeordneten Ziel des Letter-fit-Vereins.

Jeden Mittwoch öffnen Scholl und Gerber von 15 bis 18 Uhr die Bücherei neben der Kirche. „Wir verlassen uns darauf, dass die Nutzer die ausgeliehenen Bücher ohne Kontrolle spätestens nach vier Wochen wieder zurückbringen", erklärte Gerber den Hintergrund des Namens Vertrauensbücherei. Bislang jedenfalls scheint das Vertrauen gerechtfertigt: Die meisten Bücher landen – auch ohne Ausleihvermerke – nach ein paar Wochen wieder an ihrem al-

Petra Scholl (links) und Birgit Gerber drücken den gespendeten Schmökern in der Vertrauensbücherei den (Haus-)Stempel auf. Kassenwartin Angelika Erbrich (66, Mitte) schaut ihnen über die Schulter. *Mahnke*

ten Platz. Was den beiden Hüterinnen der Leseschätze noch fehlt? „Wir brauchen einen ge-

mütlichen Lesesessel oder zwei Lampen", sagen sie übereinstimmend.

66

Spielenachmittag für Kinder ab 8/10 Jahre mit parallelem Elterncafe

jeden 1. Montag im Monat 16-18 Uhr im Letter-Treff

Brettspiele für ältere Kinder stehen auf dem Programm, es können eigene Spiele mitgebracht werden.

Eltern, die die Kinder begleiten, können in einem separaten Raum beim Kaffee und Tee zusammen sitzen.

Brettspiele für Erwachsene

jeden 1. und 3. Freitag im Monat ab 19 Uhr (open end) im Letter-Treff

Brettspiele stehen auf dem Programm: eine große Auswahl interessanter und aktueller Spiele steht bereit. Neuheiten von der Spielzeugmesse werden vorgestellt und ausprobiert. Es können eigene Spiele mitgebracht werden. Die Veranstaltungen sind so gut besucht, dass mehrere Spiele parallel gespielt werden können, teilweise in mehreren Räumen.

Siedler von Catan ziehen in Letter-fit-Treff ein

Spieleabende begeistern nicht nur die Letteraner

LETTER. „Ich verschiffe eine Kiste grünen Tee", „Wenn Du mir ein Lehm gibst, bekommst Du ein Schaf", „Ich wähle den Amtmann", „Der Bobby verschiebt den Dieb nach oben", „Mist, das wollte ich gerade machen" – Solche und ähnliche Sprüche hallen jeden dritten Freitag durch die Räume des Letter Fit Treffs. Es handelt sich nicht um Börsenspekulanten oder ein Verkaufsgespräch sondern um Brettspieler des Vereines Letter fit: Miteinander-Füreinander, die in ihre Spiele versunken sind.

Ob „Darjeeling", „Die Siedler von Catan" ob „Puerto Rico" oder „Cuba", die zehn bis 16 Spieler blicken konzentriert auf die Spielbretter und versuchen die beste Strategie zu entwickeln. An mehreren Tischen können neue und alte Brettspiele ausprobiert werden. Es kommen Strategiespiele, aber auch neue Quizspiele, wie „Bezzerwizzer" oder lustige Kommunikationsspiele, wie „Linq" auf den Tisch, für jeden Geschmack findet sich etwas.

Es hat sich mittlerweile herumgesprochen, dass es in Letter den Spielekreis gibt und so

Brettspiele sind nicht nur für Kinder geeignet.

kommen nicht nur Spieler aus den Ortsteilen von Seelze, sondern auch aus Hannover und der Region Hannover nach Letter zum Spielen. Aufgrund der großen Nachfrage wurde ein zweiter Brettspieleabend für Erwachsene zusätzlich jeden ersten Freitag im Monat um 19 Uhr im Letter-Treff eingerichtet. Für alle, die gerne früher oder kürzer spielen und

die Gesellschaft von Heranwachsenen schätzen, gibt es eine vergleichbare Veranstaltung: „Spielen für Erwachsene und Eltern mit Kindern ab zwölf Jahren" findet an jedem 1. Freitag im Monat von 18 bis 22 Uhr im Bodelschwinghaus statt. Kinder ab acht Jahren treffen sich jeden ersten Montag von 16 bis 18 Uhr im Letter-Treff.

Rundblick 6.2.08

Bilderbuchkino mit Elterncafe

für Kinder ab 3-4 Jahren, jeden 2. Montag im Monat von 16:30 Uhr bis 17 Uhr im Letter-Treff; Dauer ca. 20-30 Minuten

2 Geschichten werden vorgestellt: Es werden die Bilder des Bilderbuches mit dem Diaprojektor groß an der Wand gezeigt und die Geschichten spannend vorgelesen.

Eltern, die die Kinder begleiten, können in einem separaten Raum beim Kaffee und Tee zusammen sitzen.

Das Bilderbuchkino (Bilderbücher, Dias mit den Bildern und Projektor stellt die Stadtbücherei Seelze im Ortsteil Seelze zur Verfügung. Sie müssen dort abgeholt und wieder zurückgebracht werden und zwar unmittelbar vor und nach der Veranstaltung. Dies gestaltet sich häufig als schwierig, da das Zeitfenster zur Nutzung von öffentlichen Verkehrsmitteln zu klein ist und nicht immer ein Auto mit Fahrer zur Verfügung steht.

Erste Erleichterung sollte ein eigener Projektor schaffen, den uns der Stadtbürgermeister aus seinem privaten Besitz zugesagt hatte. Langfristig war geplant, die Bilder einzuscannen und mit Beamer zu zeigen, so dass ganz auf den Transport verzichtet werden könnte.

Literaturkreis

jeden 2. Freitag im Monat von 18-19:30 Uhr im Letter-Treff

Es haben sich einige Leute zusammen gefunden, die an deutscher und ausländischer Literatur, wie auch Selbstgeschriebenem interessiert sind und dies Interesse mit anderen teilen wollen. Die Treffen stehen jeweils unter einem Thema, das die Gruppe vorher festlegt und veröffentlicht hat.

Alle, die Literatur lieben, sind herzlich zu den Treffen eingeladen. Es werden Gedichte und Geschichten aus der Literatur von gestern und heute vorgetragen. Wer mag, kann eigene Literatur mitbringen. Dazu gibt es Kaffee und Tee.

Unregelmäßige Angebote, ohne festen Termin

Vorlesezelt auf dem Spielplatz Gerhart-Hauptmann-Straße (i.d.R. einmal im Monat)

Das Gebiet Gerhart-Hauptman-Straße liegt ca. 2 km vom Ortszentrum entfernt und gilt als sozialer Brennpunkt. Um Kinder ans Lesen heranzuführen und ihre Lesekompetenz zu fördern, ist der Verein seit Sommer 2006 in unregelmäßigen Abständen mit dem Vorlesezelt auf dem Spielplatz Gerhart-Hauptmann-Straße. Angekündigt werden die Veranstaltungen durch Aushänge im Schaukasten am Spielplatz und verschiedenen Stellen im Ortszentrum sowie durch Ankündigungen in der örtlichen Presse.

Das Vorlesezelt lädt die Kinder, aber auch Eltern, Geschwister, Großeltern, ein, in gemütlicher Atmosphäre selbst ausgewählte Geschichten vorzulesen oder einer Vorleserin zu lauschen.

2006 wurde das Vorlesezelt vom Niedersächsischen Landesamt für Soziales, Jugend und Familie gefördert.

Bei der Durchführung zeigt sich, dass das Vorlesezelt ein sehr aufwändiges Angebot ist. Es werden mindestens 3 Helfer für den Transport und vor Ort für den Aufbau und Abbau benötigt, zudem ein Auto mit Fahrer.

mobile Kinderbuchausleihe auf dem Spielplatz

Als Ergänzung zum Vorlesezelt gibt es ab Sommer 2007 eine mobile Kinderbuchausleihe am Spielplatz Gerhart-Hauptmann-Straße. Damit soll die Lesefreude und Lesekompetenz der Kinder gefördert werden. Kinder aus bildungsferneren Schichten sollen an Bücher herangeführt werden.

Die Kinder- und Jugendbücher, zur Zeit ca. 220, stammen aus Buchspenden, überwiegend von Letteranern. Die mobile Kinderbuchausleihe wird i.d.R. mit dem Vorlesezelt kombiniert, so daß die Kinder gleich in den ausgewählten Büchern schmökern können.

2007 wurde das Vorlesezelt vom Niedersächsischen Landesamt für Soziales, Jugend und Familie gefördert.

Der Verein sucht noch einen Lagerraum in Spielplatznähe, um das Material dort lagern zu können. Aktuelle Kinder- und Jugendbücher werden ebenfalls noch gerne angenommen.

Durch die mobile Kinderbuchausleihe verstärkt sich das Transportproblem gewaltig: es werden mehrere Autos (oder ein Bus) für den Transport benötigt. Da die meisten Ehrenamtlichen kein Auto haben, eine echte Herausforderung. Ebenso das Schleppen der Kisten aus und in den Keller.

Bei einem kostenlosen Lagerort in Spielplatznähe und helfenden Händen, könnten beide Angebote wieder aufgenommen werden.

Tobias (links, 10) und Maurice (7) stöbern in den Bücherkisten.
Oheim

Neues Projekt: Kostenlose Buchausleihe in Letter

Das mobile Angebot erreicht die Kinder am Spielplatz

VON BJÖRN BÖNSCH

LETTER. Der Verein Letter-fit: Miteinander – Füreinander hat gestern zum ersten Mal eine mobile Kinderbuchausleihe an der Gerhart-Hauptmann-Straße angeboten. Kinder und Jugendliche konnten aus rund 200 Büchern auswählen und Exemplare kostenlos für vier Wochen mit nach Hause nehmen.

Die Auswahl ist groß: In den Kisten liegen Kinderbuchklassiker wie die „Abenteuer der fünf Freunde", „Heidi", „Der Kurier des Zaren" und „Momo". „Die Bücher sind von Privat- und Geschäftsleuten gespendet worden", sagt die Vereinsvorsitzende Petra Scholl. Außerdem unterstützt das Landesamt für Soziales, Jugend und Familie das Projekt.

Der Verein will im 14-Tage-Rhythmus die mobile Kinderbuchausleihe am Spielplatz an der Gerhart-Hauptmann-Straße aufbauen. „Schön wäre es, wenn wir

die Bücher in einem Keller oder einer Garage hier an der Straße lagern könnten. Heute mussten wir die Bücher in zwei Autos vom Letter-Treff hierher transportieren", sagt Scholl. Sie hofft auf die Hilfe der Letteraner.

In einem Vorlesezelt gleich neben der Ausleihe konnten die Kinder gestern in den Büchern schmökern. „Künftig wollen wir versuchen, Ausleihe und Vorlesezelt immer zeitgleich aufzubauen", sagt Scholl.

74

Ferienpassaktion (Vorlesen und Basteln)
auf dem Spielplatz Gerhart-Hauptmann-Straße

An 2 Terminen in den Sommerferien bietet der Verein im Rahmen des Ferienpasses „Vorlesen – Basteln - Malen" an.

Im Vorlesezelt werden mehrere Geschichten vorgelesen. Bei den Geschichten können die Kinder entscheiden wie es weiter gehen soll: Soll sich der Held verstecken oder tapfer der Gefahr ins Auge sehen?

Zwischen den Geschichten gibt es eine Pause, in der die Kinder ihren Hunger stillen und ihren Durst löschen können.

Frisch gestärkt können Lesezeichen oder etwas anderes (z.B. Freundschaftsbänder) gebastelt oder das Gehörte gemalt werden.

Als Ausgleich zum Sitzen wird auf dem tollen Spielplatz getobt.

Gleichzeitig ist die mobile Kinderbuchausleihe vor Ort.

Spannung herrscht im Vorleszelt bei der Kinderaktion.   Foto: r

Ferienpassaktion bei Letter-fit ist ein Erfolg

LETTER. Die Ferienpassaktion des Vereins „Letter-fit: Miteinander-Füreinander" war gut besucht. 16 Jungen und Mädchen lauschten im Vorlesezelt gespannt Dorle Burgdorf und bestimmten den Fortgang der Geschichte. In der Pause bestand Gelegenheit, Lesezeichen zu basteln, das Gehörte zu Malen oder auf dem Spielplatz zu toben.

Es konnten auch Bücher ausgeliehen werden, da zeitgleich die mobile Kinderbuchausleihe, gefördert durch das niedersächsische Landesamt für Soziales, Jugend und Familien, mit ihren zirka 220 Kinder- und Jugendbüchern auf dem Spielplatz Gerhart-Hauptmann-Straße vertreten war.

Wer es dieses mal verpasst hat oder wer wiederkommen will, hat am kommenden Montag, 20. August, eine neue Gelegenheit: Vorlesezelt und mobile kinderbuchausleihe sind von 15 bis 18 uhr auf dem Spielplatz Gerhart-Hauptmann-Straße. Es gibt neue Geschichten, deren Verlauf wieder mitbestimmt werden kann.

Als Bastelangebot können Karten hergestellt werden oder Plakate für das Vorlesezelt und die mobile Bücherei gemalt werden.

hallo sonntag   19.8.07

76

Basteln für Jung und Alt im Treff

Mit Kindern wie auch mit Erwachsenen wird gemeinsam gebastelt und gemalt. Zu jedem Anlaß wie Ostern, Frühling, Winter, Weihnachten, aber auch Muttertag, Sommer oder einfach so.

So bekommen Kinder eine Bastelgelegenheit auch wenn zuhause vielleicht niemand Zeit dazu hat. Erwachsene bekommen über die Kinder wieder Zugang zu ihrer eigenen Kreativität.

Wer keine Lust zum Selberbasteln hat, kann gerne zu einer gemütlichen Tasse Kaffee oder Tee bleiben und den anderen bei ihrer Arbeit über die Schulter schauen.

Vernetzung der örtlichen Vereine, Verbände und anderen Anbietern von Freizeitaktivitäten in Letter

Vereine und Initiativen erarbeiten Konzept

Treffen wird in Letter gut angenommen – Teilnehmer wollen fortan mehr Präsenz zeigen

LETTER. Das Treffen der Vereine und Initiativen in Letter ist von den Teilnehmern gut angenommen worden. Es wurde nicht nur allgemein diskutiert, wie eine Zusammenarbeit zum Wohle Letters aussehen könnte, es gab auch konkrete Ergebnisse.

Der Verein „Letter-fit – Miteinander-Füreinander" soll als Dachorganisation weitere Treffen dieser Art organisieren. Jedes soll unter einem besonderen Thema stehen. Das nächste Treffen soll Ende Mai unter dem Motto „Fördermöglichkeiten für Vereine" stattfinden.

Mehrere weniger bekannte Fördertöpfe sollen mit ihren Bedingungen vorgestellt werden, insbesondere LOS (Lokales Kapital für

soziale Zwecke). Dazu wird der Verein versuchen, Gabriela Giesche, die in der Stadtverwaltung Seelze für die Koordination der LOS-Projekte zuständig ist, als Rednerin zu gewinnen. „Wünschenswert wäre, dass der Verein einen Veranstaltungskalender der Vereine und Initiativen für Letter als LOS-Projekt herausgeben kann", sagt Petra Scholl von Letter-fit.

Weitere Anregungen waren Präsentationen kleiner Vereine auf dem Robby-Stand des Vereins Letter-fit und eine Imagekampagne für Letter. Hierzu sollen alle Vereine mehr Präsenz zeigen. Letter-fit – Miteinander-Füreinander wird dazu Konzepte entwickeln und die Interessierten einbinden.

Beim Treffen der Vereine und Initiativen wird angeregt diskutiert.

LZ 28.3.07

78

Vom Verein entwickelte und von der Stadt durchgeführte Projekte

Imagekampagne „Ich lebe gerne in Letter, weil …"

Ziel des Projekt ist es, den Blick der Letteraner auf das Gute in Letter wenden, zu zeigen, was Letter zu bieten hat. Dadurch soll Letter in Bewegung kommen. Gleichzeitig soll das Projekt Werbung für Vereine und Geschäfte bringen und der Vernetzung dienen.

An dem Wettbewerb kann man sich mit einem Foto oder gemaltem Bild aus/über Letter, verbunden mit einem Text zum Thema „Ich lebe gerne in Letter, weil …" beteiligen.

Um dem Projekt den nötigen Stellenwert zu geben, soll die Schirmherrschaft eine Person des öffentlichen Lebens mit Bedeutung für Letter, vorzugsweise der Ortsbürgermeister, übernehmen.

Die Jury sollte mit Geschäftsleuten aus Letter, Vertretern der örtlichen Vereine, der Kirchen (ev./kath.), Direktoren der Schulen in Letter und Vertretern der Politik besetzt sein.

Preise sollten gestiftet werden von Geschäftsleuten, Kirchen, Politik und Vereinen, z.B. Einkaufsgutscheine, Schnupper-Schwimmen, Fahrt mit dem Schienenbus, Tanzkurs.

Weitere Überlegungen: Ort der Ausstellung z.B. in allen Geschäften einige der Beiträge, Siegerbeiträge im Letter-Treff, Wanderausstellung in andere Stadtteile und ob Beiträge in einer Broschüre veröffentlicht werden können.

"Ich lebe gerne in Letter, weil ..." wird nicht wie geplant in Zusammenarbeit mit der AG Citymarketing und den Letteraner Vereinen durchgeführt, sondern unter Leitung der Stadt Seelze mit der HGS als formalem Träger. Ziel des Projektes ist nicht mehr die Vernetzung vor Ort, sondern mindestens 12 Beiträge zu erhalten, die sich im Kalender darstellen lassen.

Der Verein wird ganz aus dem Projekt gedrängt, nachdem die Arbeit erledigt war. Die Stadt lobt das Projekt als gelungene Zusammenarbeit von Stadt und dem Verein.

Entwickelte und (noch) nicht durchgeführte Projekte

Letter-Kino

Neu geplant ist eine Art Gemeindekino "", in dem Wunschfilmklassiker gezeigt werden. Eine Pilotveranstaltung gab es beim Weihnachtsmarkt 2006. Es werden Kinderfilme gezeigt, die Resonanz bei Erwachsenen war gut.

Offener Bücherschrank

Mehrere offene Bücherschränke sollen das Angebot der Vertrauensbücherei ergänzen. Offene Bücherschränke sind wetterfeste Schränke mit durchsichtigen Klappen, durch die man die bereitstehenden Bücher sehen kann.

Eine Erstausstattung kann durch den Büchervorrat der Vertrauensbücherei und Spendenaufruf an die Letteraner erfolgen. In Folge kann sich jeder, der mag, kostenlos ein Buch ausleihen und es später zurückstellen oder/und ein eigenes einstellen.

Ein Pate für jeden Schrank achtet auf Sauberkeit des offenen Bücherschrankes im wörtlichen und übertragenen Sinne.

Mögliche Aufstellplätze wären Spielplatz Gerhart-Hauptmann-Straße, Kastanienplatz, Haltepunkt Letter.

Arbeitslosentreff (als Selbsthilfegruppe)

In Letter sind viele Menschen ohne Arbeit. Neben finanziellen Problemen bringt die Arbeitslosigkeit soziale Isolation, mangelndes Selbstbewusstsein und das Gefühl, nicht mehr gebraucht zu werden. Durch die Schaffung eines Arbeitslosentreffs sollen den Menschen soziale Kontakte und Perspektive geboten werden. In Kooperation mit dem Job-Center in Seelze und den Gewerkschaften soll auf inhaltliche Fragen der Arbeitslosen eingegangen werden. Durch gegenseitige Unterstützung wird die Situation einfacher. In der Anfangsphase wird der Treff durch eine Fachkraft begleitet, danach soll er als Selbsthilfegruppe mit Unterstützung durch den Verein, weiter geführt werden.

Internetportal für die AG's im Soziale Stadt Projekt und Vereine

Der Verein erstellt eine Internetseite, auf der jeder Verein und sonstige Anbieter von Freizeit- und Bildungsangeboten eine Möglichkeit der Darstellung haben. Dies wird als Ergänzung zur Broschüre „Was ist los in Letter?" betrachtet, die den Vorteil hat, dass die Aktiven immer aktuelle Infos einstellen können.

Die Verarbeitung von aktuellen Infos und Terminen soll durch ein Redaktionssystem ermöglicht werden, dass jedem auch ohne große Vorkenntnisse ein Pflegen der Seiten ermöglicht. Jeder ist für seine Seite selbst verantwortlich.

Ganz besonders richtet sich das Angebot an kleinere Vereine und Gruppierungen, die sich keine eigene Internetseite leisten können. So werden auch sie in den neuen Medien präsent und es wird immer aktuell sichtbar, wie viele Aktive es im Stadtteil gibt.

Veranstaltungskalender für Letter.

Durch das Projekt sollen die Vereine, Verbände und sonstige Anbieter von Freizeit- und Bildungsangeboten miteinander vernetzt werden. Sie werden sich nicht als Konkurrenten begreifen, sondern durch die Zusammenarbeit voneinander profitieren.

Durch die Vernetzung der Organisationen sollen neue Impulse für das Soziale Stadt Projekt „Letter-fit für die Zukunft" entstehen.

Bei den bereits stattgefundenen Treffen mit den Vereinen wurde wiederholt der Wunsch nach einem einheitlichen Terminplan geäußert. Den hatte es in grauer Vorzeit schon einmal gegeben, war aber aus verschiedenen Gründen gescheitert.

Da das beantragte LOS-Projekt des Vereins abgelehnt wurde, wird dieser Kalender nur zum download angeboten. Beim Treffen mit den örtlichen Vereinen und Anbietern von Bildungs- und Freizeitaktivitäten wurde aber Abstimmungs- und Gesprächsbedarf festgestellt.

Freiwilligenzentrum Letter.

Durch das Projekt soll das ehrenamtliche Engagement in Letter gefördert und Vereine, Verbände und sonstige Anbieter von Bildungs- und Freizeitangeboten in Letter gestärkt, sowie die Mitarbeit im Soziale Stadt Projekt „Letter – fit für die Zukunft" intensiviert werden.

Durch die veränderte Einstellung der Menschen zum Ehrenamt (siehe Freiwilligensurvey der Bundesregierung) weg vom „lebenslangen" Ehrenamt hin zur projektbezogenen zeitlich befristeten Freiwilligenarbeit, ist eine kontinuierliche Vermittlung erforderlich. Vereine haben es oft schwer, ihre Vorstandsposten zu besetzen und genügend Aktive für die Vereinsarbeit zu finden. Gleichzeitig ist eine ungemindert hohe Bereitschaft zur Freiwilligenarbeit vorhanden. Das Freiwilligenzentrum versucht nun, beide zueinander zu bringen. Dabei gibt das Freiwilligenzentrum auch Unterstützung bei der Schaffung von Rahmenbedingungen für Freiwillige wie auch bei der Entwicklung neuer Projekte.

Das Projekt ist eine logische Fortsetzung der bisherigen Aktivitäten des Vereins in Letter, inbes. der Broschüre „Was ist los in Letter?", der Aktivitäten zur Vernetzung der Vereine, Verbände und sonstiger, dem offenen Kaffeetrinken sowie des weiteren LOS-Antrages „Veranstaltungskalender in Letter".

Die Suche und Vermittlung Freiwilliger soll erweitert und professionalisiert werden. Da auch dieses LOS-Projekt des Vereins abgelehnt wurde, ist der Verein auf der Suche nach alternativen Finanzierungsmöglichkeiten und Kooperationspartnern.

Aktionswoche zur Integration und Vernetzung

Projekt-/Aktionswoche im Sanierungsgebiet, eine Woche mit verschiedenen Veranstaltungen mit und für die Bewohner und Bewohnerinnen im Sanierungsgebiet mit anschließendem Straßenfest am Wochenende im Bereich des Spielplatzes Gerhart-Hauptmann-Straße. Jeden Tag wird sich ein anderer Verein sich präsentieren und Aktionen anbieten.

Mit der Aktionswoche werden mehrere Ziele verfolgt: Neben einer umfassenden Beteiligung der BewohnerInnen, Förderung der Kontakte untereinander und Bildung nachbarschaftlicher Strukturen geht es auch um den Aufbau und Stärkung des Kontaktes der BewohnerInnen zum Verein, mit dem Ziel, diesen zukünftig als Ansprechpartner für Ideen und bei Problemen zu etablieren und weitere Kontakte auch über das Wohngebiet hinaus aufzubauen.

Fortsetzung Patenschaft

Für das durchgeführte Projekt Patenschaften war die angesetzte Projektlaufzeit von einem Jahr (netto 5 Monate) zu kurz, d.h. es müsste sich ein Folgeprojekt anschließen. I.d.R. kann man davon ausgehen, dass ein solches Projekt 2-3 Jahre Anlaufzeit benötigt um sich zu etablieren. Gerade die Letteraner brauchen etwas mehr Zeit, um sich über neue Dinge eine Meinung zu bilden.

Zudem hat sich herausgestellt, dass der Begriff „Patenschaft" zu verpflichtend klingt und die Hemmschwelle zur Begegnung sehr hoch setzt.

Obwohl für Neubürger die Eingewöhnung in Letter aufgrund der Bevölkerungsstruktur schwierig ist und ein „Lotse" hilfreich ist, scheuen Neubürger wie Alteingesessene vor einer Patenschaft zurück. Ein neuer Begriff soll hierbei helfen, sowie verstärkte Öffentlichkeitsarbeit und ein modifiziertes Konzept.

Ein „Willkommen für Neubürger" ist geplant, an dem Alt-Letteraner den Zugezogenen Tipps zum Leben in Letter geben und die „Neuen" Fragen stellen können. Gemeinsame Interessen können gefunden werden, es können Kontakte entstehen, die über das Treffen hinaus wirken.

Geplant ist auch, die Begrüßung der Zugezogenen durch einen Stadtrundgang zu erweitern, um die Orientierung zu erleichtern und in entspannter Atmosphäre manche Hintergründe zu erläutern.

internationaler Kochkurs

"Unsere internationalen Lieblingsrezepte - eine Kochgruppe der besonderen Art", Bildung einer Kochgruppe mit Bewohnerinnen des Sanierungsgebietes, um die nationale Vielfalt deutlich zu machen, und die gemeinsame Erstellung eines kleinen internationalen Kochbuches mit den Lieblingsrezepten der Teilnehmenden.

Durch die Kochgruppe soll der Kontakt zwischen den Bewohnerinnen hergestellt und intensiviert und zu weiteren gemeinsamen Aktivitäten angeregt werden. Das Projekt soll die Teilnehmenden/ Betroffenen motivieren, miteinander in Kontakt zu treten und nachbarschaftliche, soziale Kontakte zu pflegen, um sich gegenseitig zu helfen und gemeinsam Freizeit zu gestalten.

Kochen ist ein niedrigschwelliges Angebot, das leicht angenommen wird.

Gartenregion 2009

Die Stadt Seelze beteiligt sich an dem Projekt der Region Hannover. Der Verein plant, seine Angebote wie z.B. Basteln, Vorlesen, Literaturkreis, Vorlesezelt, aber auch Spielenachmittag thematisch ebenfalls unter das Motto „Garten" zu stellen.

Weiter schlug der Verein der Stadt vor, das Projekt „internationale Gärten" und „Mietergärten" zu initiieren und stellte dafür die Kontakte her und Informationen zur Verfügung.

Weiterhin kam die Idee, auf dem Alten Friedhof Baumpaten zu finden und den Eingangsbereich, der derzeit nur von Pennern genutzt wird, attraktiver zu gestalten.

Vernetzung

ELFEN

Drei Vereinsmitglieder nahmen an der Ausbildung zu Engagement-Lotsen für ehrenamtliche Niedersachsen (ELFEN) in der Evangelischen Heimvolkshochschule Loccum teil.

ELFEN sind eine wichtige Hilfe, um das vorhandene bürgerschaftliche Engagement zu stärken und neue Impulse zu geben. In diesem Sinne werden die Vereinsmitglieder ihre ehrenamtliche Arbeit im Verein „Letter-fit: Miteinander-Füreinander" e.V. fortsetzen.

Zur Unterstützung engagierter Bürgerinnen und Bürger startete das Niedersächsische Ministerium für Soziales, Frauen, Familie und Gesundheit 2006 das Qualifizierungsprogramm ELFEN, mit dem jährlich 60 neue Engagement-Lotsen ausgebildet werden. Ausbildungsinhalte der zwei Theorieblöcke und der mehrmonatigen Erkundungsphase der ELFEN waren neue Ideen und Impulse für ehrenamtliches Engagement; Presse- und Öffentlichkeitsarbeit; Unterstützung einwerben; Freiwillige gewinnen und betreuen; Vereinsberatung; Anregung, Unterstützung und Betreuung von neuen Projekten; Vernetzung von Freiwilligen, sozialen Einrichtungen, Initiativen, Kommunen, Firmen und anderen Gruppen.

Es ist wünschenswert, dass sich noch mehr Letteraner zu ELFEN ausbilden lassen. Vorschläge sind an die Freiwilligenakademie Hannover zu richten und können über die Vereine direkt oder über die Stadt Seelze laufen.

Diese ELFEN haben ihre Prüfung bestanden. Petra Scholl (Dritte von links) aus Letter ist eine von ihnen.
Foto: r

hallo sonntag 8.7.07

ELFEN erhalten Urkunden

LETTER. Für Petra Scholl vom Verein „Letter-fit: Miteinander-Füreinander" und 15 weitere Teilnehmer aus Niedersachsen endete nun die Ausbildung zu Engagement-Lotsen für ehrenamtliche Niedersachsen, ELFEN genannt.

Die niedersächsische Staatssekretärin Christine Hawighorst überreichte die Beauftragungsurkunden in der Evangelischen Heimvolkshochschule Loccum. Zur Unterstützung von Engagierten hat das Niedersächsische Ministerium für Soziales, Frauen, Familie und Gesundheit 2006 das Qualifizierungsprogramm ELFEN, mit dem jährlich 60 neue Engagement-Lotsen ausgebildet werden, gestartet.

Ehrenamtliche Arbeit gewürdigt

LETTER. Am Donnerstag hat Sozialministerin Mechthilf Ross-Luttman 111 ELFEN (Engagementslotsen für ehrenamtliche Niedersachsen)aus ganz Niedersachsen zum Dank für ihre ehrenamtliche Arbeit und zum Meinungsaustausch eingeladen. Mit dabei war Petra Scholl, Vorsitzende des Vereins "Letter-fit: Miteinander-Füreinander" e.V.. Die Ausbildung zu ELFEN erfolgt auf Kosten des Landes auf hohem Niveau. Die Aufgaben der ELFEN sind anspruchsvoll. So regen sie in den Kommunen zu neuen Projekten an und begleiten diese, leisten die Presse- und Öffentlichkeitsarbeit, beraten bestehende Vereine und Initiativen. Außerdem unterstützen sie Freiwillige, soziale Einrichtungen, Kommunen, Firmen sowie andere ehrenamtlich tätige Gruppen oder einzelne Aktive und vernetzen deren Arbeit. Zahlreiche Engagement-Lotsen, wie auch Petra Scholl, wollen lokale Freiwilligen-Agenturen in ihren Heimatorten gründen. Weitere ELFEN sollen im nächsten Jahr die Arbeit des Vereins "Letter-fit: Miteinander-Füreinander" e.V. unterstützen.

Umschau 28.11.07

Die ELFEN vernetzen sich auch nach ihrer Ausbildung.: 22.11.2007 Austausch mit Ministerin Ross-Luttmann, 13.9.2008 in der HVS Loccum und am 21.11.2008 im Freiwilligenzentrum Hannover. Ziel der Treffen sind Erfahrungsaustausch, Ehrung des Ehrenamtes, politische Forderungen und praktische Vernetzung z.B. in Form eines ELFEN-Internetauftritts und Darstellung der ELFEN-Projekte.

Bürgerbüro Stadtentwicklung Hannover

Hannover ist eine Stadt mit einer differenzierten Beteiligungskultur in der auch Stadtplanung und Stadtentwicklung öffentlich erörtert werden sollen. Das Bürgerbüro Stadtentwicklung ist seit über 12 Jahren Teil des Dialogs zur Stadtentwicklung und möchte durch Quer- und Anders-Denken die öffentliche Diskussion anregen

Das Bürgerbüro Stadtentwicklung bietet die "Werkstatt Bürgerbeteiligung" an. Diese Werkstatt vermittelt Informationen über Methoden der Beteiligung, nennt Praxisbeispiele und bietet Raum für Austausch und Diskussionen. Die Werkstatt richtet sich an hannoversche Akteure, die in ihrem Arbeitsfeld oder bei ihrem politischen Engagement, Bürgerinnen und Bürger bei Planungen und Projekten beteiligen.

Besprochene Themen sind u.a. Bürgerhaushalt, Open Space, Arbeit mit großen Gruppen, Bürgeraktivierung, Beteiligung von Migranten etc. Mitglieder des Vereins nehmen regelmäßig an diesen Veranstaltungen teil.

Besonders spannend ist die Erarbeitung und Umsetzung von Werkzeugen und Wegen zu mehr Bürgerbeteiligung auf Ortsratsebene. Ein Vereinsmitglied arbeitete auch im Arbeitskreis „Bürgerbeteiligung im Bezirk" mit am Konzept „Mehr Demokratie im Stadtteil wagen und gestalten, Modellprojekt zur Weiterentwicklung der Demokratischen Teilhabe in den Stadtbezirken. Die Umsetzung zeigt sich auch bei positiv eingestellten Bürgermeistern als schwierig, zäh und langwierig.

Mitgliedschaften

LAG Soziale Brennpunkte Niedersachsen e.V.

Niedersachsenweite Bewohnerinitiativentreffen an unterschiedlichen Projektstandorten in Niedersachsen zum Erfahrungsaustausch.

Förderung des Ehrenamtes

Teilnahme am 1. Freiwilligentag Hannover (2005)

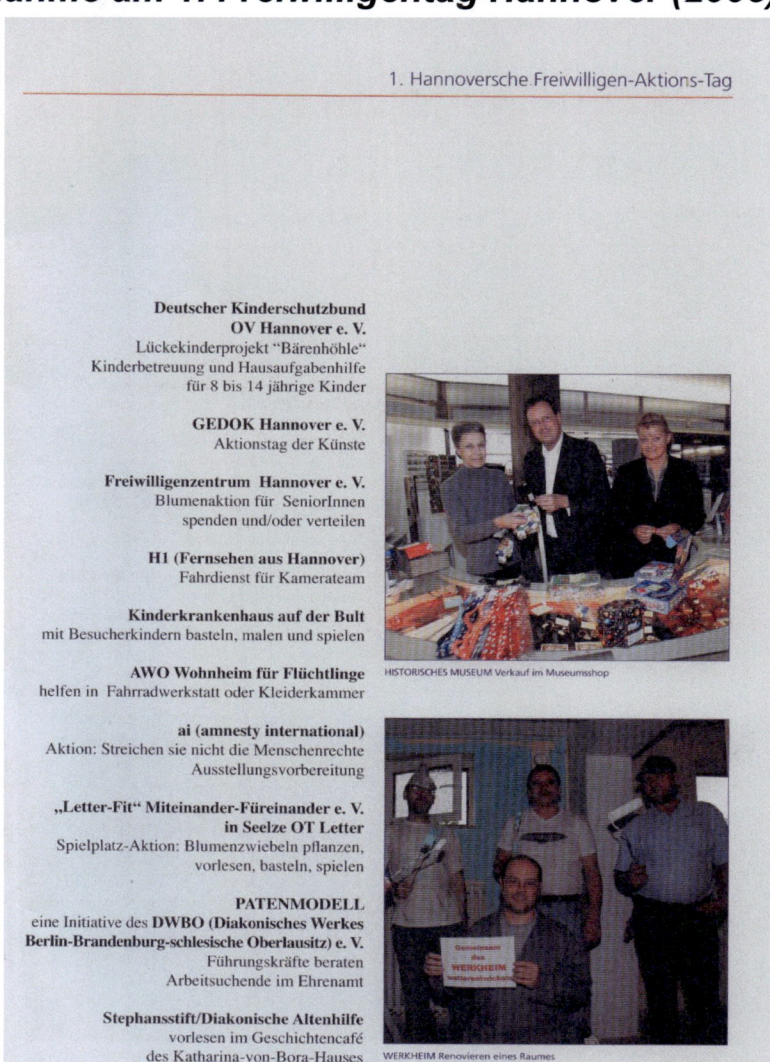

1. Hannoversche Freiwilligen-Aktions-Tag

**Deutscher Kinderschutzbund
OV Hannover e. V.**
Lückekinderprojekt "Bärenhöhle"
Kinderbetreuung und Hausaufgabenhilfe
für 8 bis 14 jährige Kinder

GEDOK Hannover e. V.
Aktionstag der Künste

Freiwilligenzentrum Hannover e. V.
Blumenaktion für SeniorInnen
spenden und/oder verteilen

H1 (Fernsehen aus Hannover)
Fahrdienst für Kamerateam

Kinderkrankenhaus auf der Bult
mit Besucherkindern basteln, malen und spielen

AWO Wohnheim für Flüchtlinge
helfen in Fahrradwerkstatt oder Kleiderkammer

ai (amnesty international)
Aktion: Streichen sie nicht die Menschenrechte
Ausstellungsvorbereitung

**„Letter-Fit" Miteinander-Füreinander e. V.
in Seelze OT Letter**
Spielplatz-Aktion: Blumenzwiebeln pflanzen,
vorlesen, basteln, spielen

PATENMODELL
eine Initiative des **DWBO (Diakonisches Werkes
Berlin-Brandenburg-schlesische Oberlausitz) e. V.**
Führungskräfte beraten
Arbeitsuchende im Ehrenamt

Stephansstift/Diakonische Altenhilfe
vorlesen im Geschichtencafé
des Katharina-von-Bora-Hauses

HISTORISCHES MUSEUM Verkauf im Museumsshop

WERKHEIM Renovieren eines Raumes

Dokumentation Freiwilligenaktionstag **13**

91

Teilnahme an der Aktion „Glücksbringer" des Freiwilligenzentrums Hannover zur Stärkung des Ehrenamtes (2007)

Donnerstag, 6. September 2007

Report

Initiatoren hoffen auf Spendenlawine

Bürgerstiftung und Freiwilligenzentrum organisieren große Sammlung für gemeinnützige Organisationen

VON STEFAN KOHL

REGION. Mit der Aktion Glücksbringer organisieren die Langenhagener Bürgerstiftung Wir helfen! und das Freiwilligenzentrum Hannover von Donnerstag bis Sonnabend, 13. bis 15. September, eine Spendensammlung von und für gemeinnützige Organisationen und Vereine in der Region Hannover.

Geplant ist diese Aktion als Initialzündung für das gesamte Bundesgebiet. „Wir sind dabei, hier in der Region einen Schneeball zu formen, aus dem eine Lawine werden könnte", hofft Initiator Claus Holtmann. Er ist Präsident der Stiftung Wir helfen!. Symbol der Aktion ist ein vierblättriges Kleeblatt. Eines der vier Kleeblätter ist orange – die Farbe des bürgerschaftlichen Engagements. Anlass ist die bundesweite Woche des bürgerschaftlichen Engagements, die am 14. September beginnt.

Regionspräsident Hauke Jagau und Hannovers Oberbürgermeister Stephan Weil haben die Schirmherrschaft übernommen. Prominente unterstützen die Aktion. Den Startschuss gibt eine Eröffnungsveranstaltung auf dem Platz der Weltausstellung in Hannover.

Am Ende des letzten Tages sollen die Ergebnisse öffentlich bekannt gegeben werden. Claus Holtmann ist überzeugt, dass die sich sehen lassen können: „Schließlich sind unsere Ziele zentrale und wichtige Themen unserer Zeit: die Förderung des bürgerschaftlichen Engagements, die Zuwendung von Geld direkt von privat zu privat ohne Umweg über den Staat und die lokale Vernetzung von privaten Organisationen."

Spendendose, Kleeblätter und Werbematerial bekommen die Teilnehmer der Sammelaktion vom Veranstalter gestellt.　　Kohl (2)

92

Teilnahme an der bundesweiten Aktion „Woche des bürgerschaftlichen Engagements" (2006, 2007, 2008)

>> Glücksbringer-Aktion in Niedersachsen

Im niedersächsischen Letter wurde die vom Freiwilligenzentrum Hannover und der Stiftung „wir helfen" initiierte Glücksbringer-Aktion vom Verein „Letter-fit: Miteinander-Füreinander" e.V. durchgeführt. Über 100 Besucherinnen und Besucher des Kastanienfestes erwarben einen Glücksklee-Sticker und unterstützen damit das bürgerschaftliche Engagement.

Der Verein Letter-fit war auf dem Kastanienfest zudem mit einem Stand vertreten. Die Mitglieder des Vereins zeigten auf einer Stellwand, warum sie ehrenamtlich tätig sind. Für Besucherinnen und Besucher des Kastanienfestes bestand die Möglichkeit, selbst etwas dazu zu schreiben. Für Kinder wurden Spiele angeboten.

2007

Teilnahme am landesweiten Wettbewerb Niedersachsenpreis für Bürger-Engagement (2005, 2006, 2007, 2008)

2007

2008

Umschau 11.10.06

Der Niedersachsenpreis für Bürger-Engagement

LETTER. Kürzlich fand im festlichen Rahmen die Abschlussveranstaltung zum Niedersachsenpreis für Bürgerengagement statt. 10 Preisträger waren aus den über 600 Bewerbungen ausgewählt worden. Dazu wurden noch 2 Sonderpreise vergeben. Wie im letzten Jahr hatte sich der Verein „Letter-fit: Miteinander-Füreinander" e.V. beworben. Neu dabei war diesmal der Förderkreis St. Michael. Die Vorsitzende des Vereins „Letter-fit: Miteinander-Füreinander" e.V. Petra Scholl nutzte die Gelegenheit, am Rande der Veranstaltung dem Ministerpräsidenten Christian Wulff den neuen Vereinsflyer zu überreichen und auf den Internetauftritt des Vereins unter www.letter-fit.de hinzuweisen. Der Flyer gibt einen Überblick über die aktuellen Angebote des Vereins. Der Internetauftritt gibt — bereits jetzt in der Aufbauphase - nicht nur vertiefende Informationen, sondern enthält auch interessante Links.

Ausbildung als Engagementslotsen für ehrenamtliche Niedersachsen (ELFEN) (2007, 2008)

Ausblick

Der Verein Letter-fit ist nun auf der Suche nach Kooperationspartnern, die eine unentgeltliche Mitnutzung von Räumen ermöglichen.

Insbesondere die Vertrauensbücherei soll den Letteranern wieder zugänglich gemacht werden, da die Stadtbücherei in Letter vor einigen Jahren geschlossen wurde.

Die regelmäßigen Angebote können in absehbarer Zeit eher nicht wieder aufgenommen werden, da sämtliche aufgebauten Strukturen zerstört wurden und die drei 1€-Jobs zurückgegeben werden mussten. Das bedeutet einen kompletten Neuanfang, basierend auf den bisherigen Erfahrungen.

Der Verein wird den Schwerpunkt auf Aktivitäten legen, die ohne eigene Räume zur Erfüllung der Vereinsziele möglich sind. Ideen hierzu sind bereits vorhanden. Wer gerne mitmachen möchte, kann sich einfach an den Verein wenden, per email, Telefon oder persönlich beim Letter-Stammtisch.

Die überregionale Netzwerkarbeit wird fortgesetzt, ebenso die Zusammenarbeit mit den örtlichen Vereinen.

Ein weiterer Schwerpunkt wird in der Weitergabe des erworbenen Fachwissens und der Erfahrungen liegen, auf der andere Akteure aufbauen können.

Spendenkonto

Jede Spende ist willkommen:
einmalig, regelmäßig,
als Sponsor, als Fördermitglied, als Mitglied.

Konto 900 181 990
Sparkasse Hannover
BLZ 250 501 80

Der Verein ist gemeinnützig und kann Spendenbescheinigungen
ausstellen.

Internetseite des Vereins

Die Internetseite des Vereins beinhaltet neben aktuellen Informationen zum Soziale Stadt Projekt „Letter – fit für die Zukunft" und zum Verein „Letter-fit: Miteinander-Füreinander" e.V., Beschreibungen der Projekte und Angebote des Vereins, einen ausführlichen Pressespiegel seit Januar 2005, Links zu Hintergrundinformationen, Downloads und vieles mehr.

www.letter-fit.de

Schaukasten Spielplatz   Schaukasten Kirchstr. 3

Schlusswort

Seelze ist ziemlich pleite. Durch das Wellnessbad und Seelze-Süd existieren so viele finanzielle Verpflichtungen der Stadt, dass weitere freiwillige Leistungen gestrichen werden (müssen). Alles, was noch möglich ist, wird im Ortsteil Seelze umgesetzt. Für Letter bleibt nichts.

Die einzige Chance, die Letter hat, sind aktive Bürger, die sich für und in ihrem Stadtteil einsetzen. Ein gutes soziales Miteinander trägt zur Attraktivität des Stadtteils ganz wesentlich bei. Eine schöne Ortsdurchfahrt alleine reicht dazu nicht aus.

Die Möglichkeiten, die das Projekt Soziale Stadt dafür bietet, sind bislang nicht genutzt worden, sondern es wurde nur städtebauliche Sanierung nach alter Art durchgeführt.

Es ist aber noch nicht zu spät: das Projekt ist noch nicht beendet und auch ohne Projekt ist es möglich, mehr Demokratie im Stadtteil zu wagen.

Die Letteraner haben sich wieder auf ihre alte Position zurückgezogen „was sollen wir uns engagieren, die (Stadt und Politik) machen doch eh was sie wollen".

Politik und Verwaltung sind gefragt, Bürger ernst zu nehmen und ernsthaft zu beteiligen. Es gibt viel „Kapital", das bislang ungenutzt brach liegt. Es lohnt sich auch Menschen zuzuhören, die sich nicht mit Sitzungsgepflogenheiten auskennen oder wortgewandt ausdrücken können. Der Weg ist mühsam, aber ertragreich.

Auch die Vereine sind gefragt, enger zusammen zu rücken und gemeinsam für Letter aktiv zu sein. Das Engagement der Vereine muß für Außenstehende sichtbar gemacht werden und die Aktivitäten untereinander stärker koordiniert und kooperiert werden.

Viele sind schon auf dem Weg. Wir wollen den Weg gemeinsam gehen und gestalten.

Links

Bund-Länder-Programm Soziale Stadt
http://www.sozialestadt.de/programm/

Landesarbeitsgemeinschaft Soziale Brennpunkte Nds. e.V.
 http://www.lag-nds.de/

LOS-Lokales Kapital für soziale Zwecke
gefördert durch Europäischen Sozialfonds
http://www.los-online.de/content/index_ger.html

Stiftung mitarbeit
Demokratieentwicklung von unten
Nur wenn möglichst viele Bürgerinnen und Bürger bereit sind, sich
aktiv einzumischen und Mitverantwortung zu übernehmen, kann
Demokratie lebendig werden.
http://www.mitarbeit.de/wirueberuns.html

Stadtteilarbeit - Bürgerbeteiligung
http://www.stadtteilarbeit.de/cms

/Bürgerbüro Stadtentwicklung Hannover
http://www.bbs-hannover.de/

Die Gesellschafter
in was für einer Gesellschaft wollen wir leben?
http://diegesellschafter.de/index.php?z1=1226001316&z2=9e32f0
efc2f895973f715adf3ba27794&

Freiwilligenzentrum Hannover
http://www.freiwilligenzentrum-hannover.de/web/angebot/

Netzwerk Bürgermitwirkung
http://www.freiwillig-in-hannover.de/

Interkulturelle Gärten
http://www.stiftung-interkultur.de/probrd.htm

Niedersachsenpreis für Bürgerengagement
unbezahlbar und freiwillig
http://www.unbezahlbarundfreiwillig.de/web/export/sites/uuf/html/home.html

Niedersächsische Landestreuhandstelle (LTS)
http://www.nbank.de/

Schrader-Stiftung
Sozialpreis für caritatives und diakonisches Handeln
http://www.innovatio-sozialpreis.de/

Forschungsprojekt Soziale Stadt, Uni Hannover
http://www.agis.uni-hannover.de/agisforschung/soziale_stadt/

Das Letzte

Willst Du froh und glücklich leben,
laß kein Ehrenamt dir geben!
Willst du nicht zu früh ins Grab
lehne jedes Amt gleich ab!

Wieviel Mühen, Sorgen, Plagen
wieviel Ärger mußt Du tragen;
gibst viel Geld aus, opferst Zeit -
und der Lohn? Undankbarkeit!

Ohne Amt lebst Du so friedlich
und so ruhig und so gemütlich,
Du sparst Kraft und Geld und Zeit,
wirst geachtet weit und breit.

So ein Amt bringt niemals Ehre,
denn der Klatschsucht scharfe Schere
schneidet boshaft Dir, schnipp-schnapp,
Deine Ehre vielfach ab.

Selbst Dein Ruf geht Dir verloren,
wirst beschmutzt vor Tür und Toren,
und es macht ihn oberfaul
jedes ungewaschne Maul!

Drum, so rat ich Dir im Treuen:
willst Du Weib (Mann) und Kind erfreuen,
soll Dein Kopf Dir nicht mehr brummen,
laß das Amt doch and'ren Dummen.

(Wilhelm Busch)